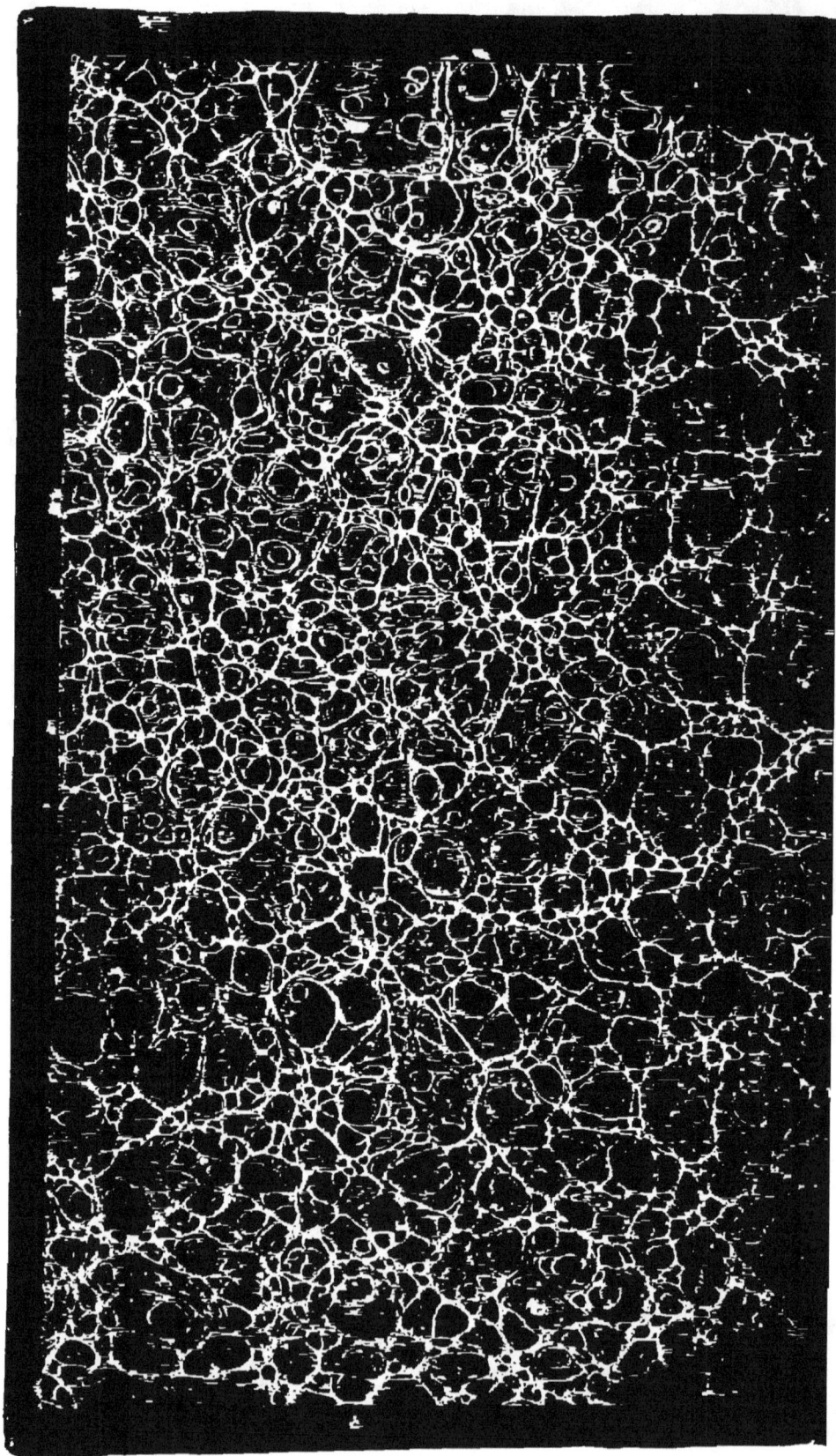

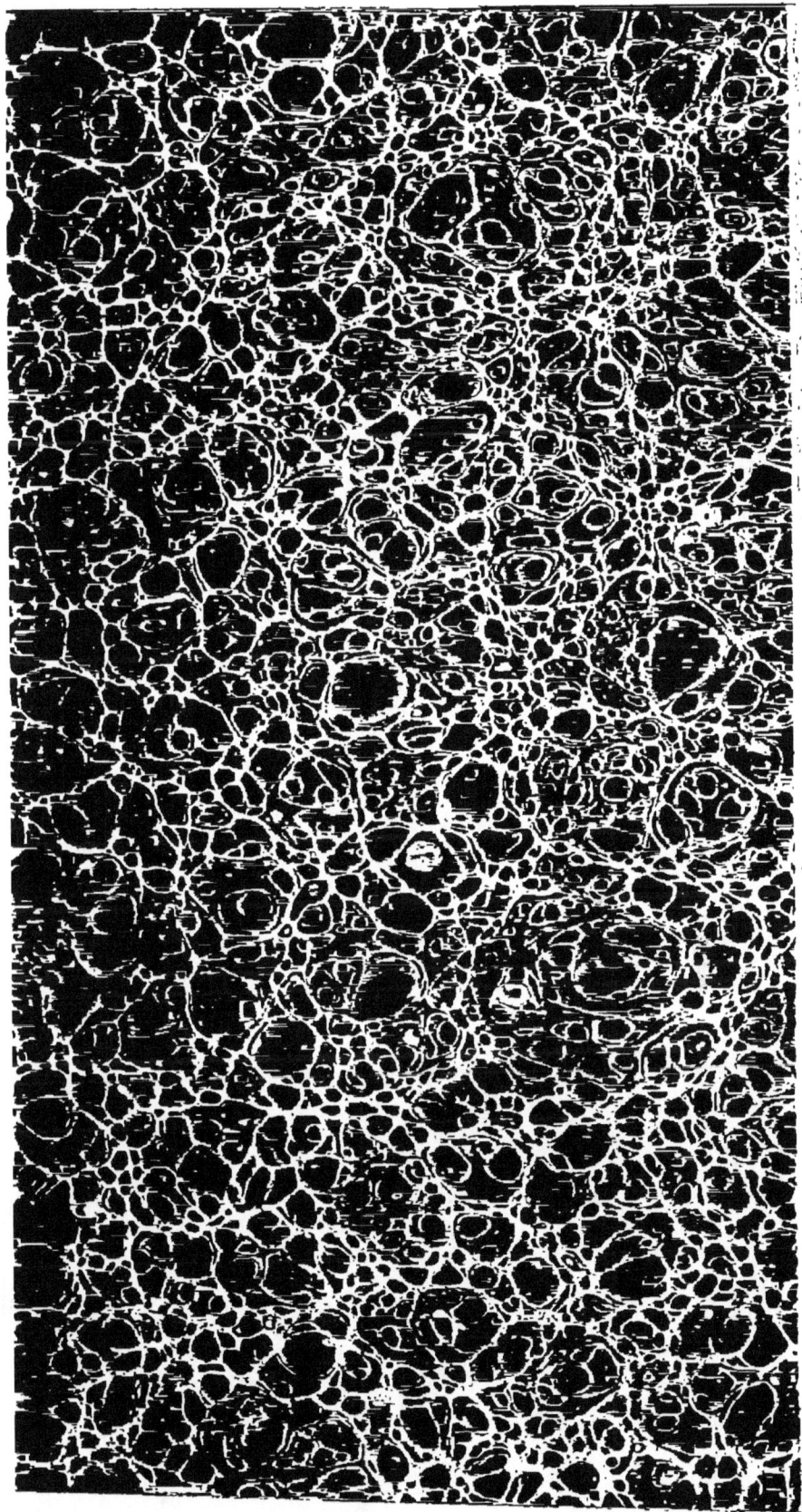

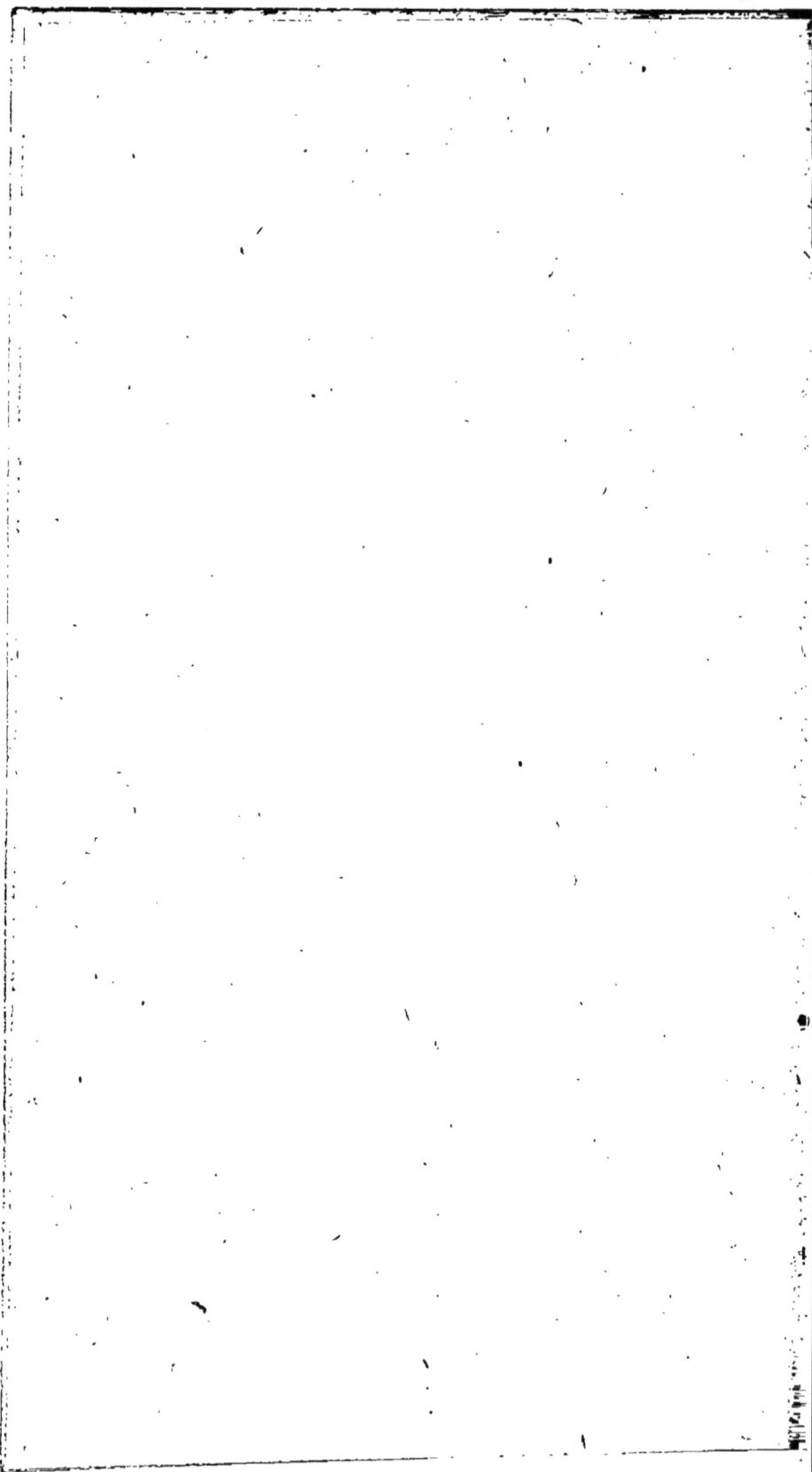

VIE ABRÉGÉE,

DE

MGR DE QUÉLEN,

ARCHEVÊQUE DE PARIS.

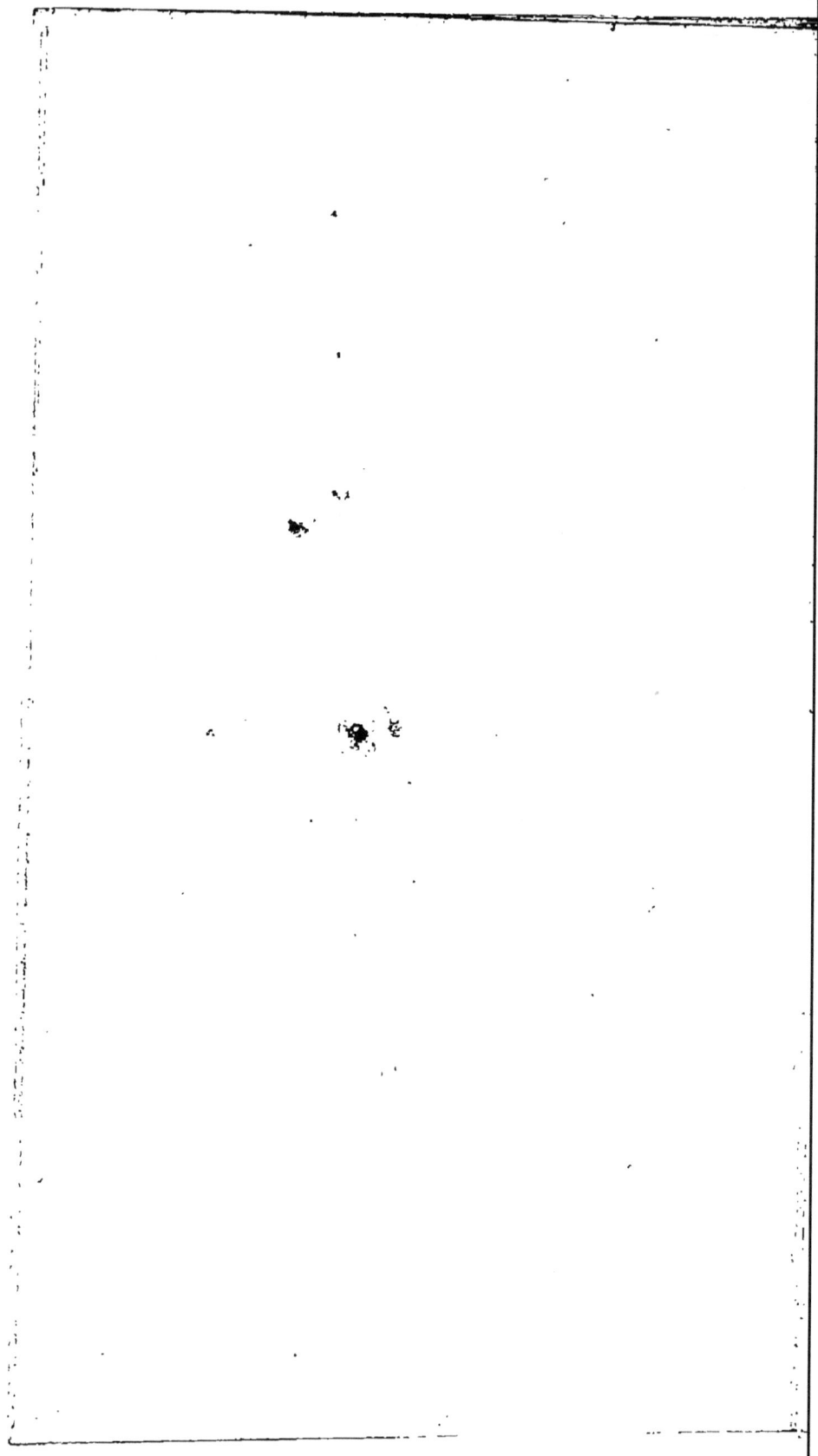

VIE ABRÉGÉE

DE

MGR DE QUÉLEN,

ARCHEVÊQUE DE PARIS,

Extraite du grand ouvrage in-octavo en 2 volumes,

Par M. d'Exauvillez.

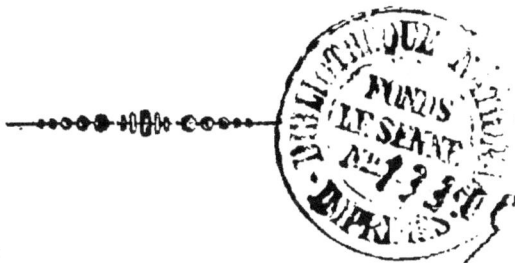

PARIS,

AU BUREAU DE LA SOCIÉTÉ DE SAINT-NICOLAS,
RUE DE SÈVRES, 39.

1840.

INTRODUCTION.

Nous disions il y a quelques jours, en annonçant cette Vie abrégée, « qu'elle « était destinée à faire bien connaître le « digne prélat au peuple près duquel il a « été si indignement calomnié. »

Pour atteindre ce but, nous n'avons eu qu'à raconter simplement, avec de cour-

tes réflexions, la vie et les vertus apostoliques de M. de Quélen.

Ainsi, ce n'est ni un panégyrique, ni
un éloge que nous avons eu la pensée d'é-
crire; ce sont des faits que nous avons
voulu réunir, parce que sont eux qui
feront bien connaître le pieux prélat qui
a gouverné pendant dix-huit ans l'église
de Paris.

Aucun des cent vingt-deux évêques successivement élevés sur le siége de saint
Denis n'eut peut-être à traverser des temps
aussi calamiteux; nul ne fut peut-être
frappé d'aussi terribles coups, soumis à
d'aussi cruelles épreuves. Pas une seule
douleur n'a manqué à son âme, et l'on
peut dire qu'il est mort victime des plus
injustes préventions.

On verra dans le courant de cet ouvrage combien, au milieu de toutes ses

peines, il se montra confiant dans la
bonté divine, quels exemples de piété,
de charité, de courage et de résignation
il donna pendant son épiscopat, et quelle
sainte mort enfin couronna cette sainte
vie.

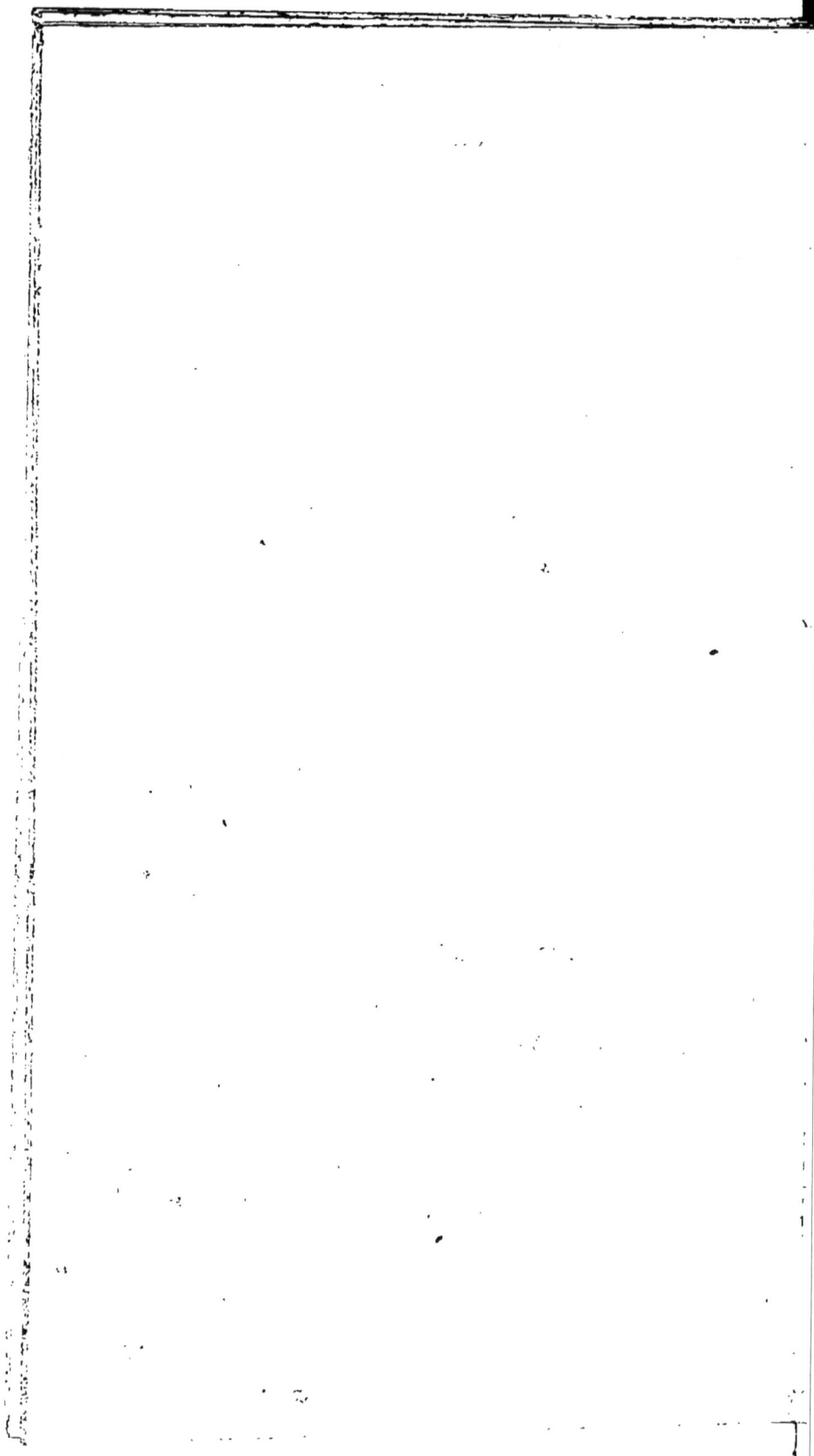

VIE ABRÉGÉE

DE

Mᴳᴿ DE QUÉLEN.

———•••ɔɔ•ɷ||0||ɷ•ɕɕɕ•———

CHAPITRE PREMIER.

Sa naissance.—Services rendus par sa famille.
—Sa vocation.—Commencement de ses études
ecclésiastiques. — Il est admis à Saint-Sulpice.—Son ordination. — Il exerce les plus
simples fonctions du ministère.—Il s'attache
au cardinal Fesch. — Son désintéressement.
Il détourne Bonaparte du schisme.— Il vit
dans la retraite.

De 1778 à 1814.

Le 8 octobre 1778, naquit à Paris Hyacinthe-
Louis de QUÉLEN, sixième enfant de Jean-
Claude-Louis comte de QUÉLEN, officier de ma-
rine, décoré de plusieurs ordres, et de Antoine-
Marie-Adélaïde HOCQUART.

1

La famille de Quélen a pris son nom d'une terre située dans la Basse Bretagne, au diocèse de Quimper. Son illustration est très ancienne, puisqu'elle remonte *en ligne directe* jusqu'au xiie siècle. Beaucoup de Quélen versèrent jadis leur sang dans les armées françaises sur les champs de bataille ; et pour n'en citer ici qu'un seul exemple, on remarque en lisant l'histoire un Éon de Quélen qui perdit ses trois frères au combat de la Massoure en Égypte, revint en France, et repartit pour l'Afrique, suivi de ses quatre fils, dont il vit trois périr glorieusement sous ses yeux au siége de Tunis.

Cette noble famille n'a pas seulement fourni de généreux défenseurs à la patrie, elle a aussi donné à l'Église plusieurs membres distingués ; et les traditions d'honneur, de vertu et de loyauté s'y sont toujours religieusement perpétuées.

Le jeune Hyacinthe-Louis de Quélen y trouva donc de nobles exemples à suivre, de grandes vertus à imiter. Tout, dès son bas âge, annonça qu'il comprendrait et saurait remplir les devoirs qu'impose toujours un grand nom. Sa famille ne le destinant point d'abord à l'état ecclésiastique, il commença ses études sous le toit paternel, et partagea avec ses frères aînés les douceurs du foyer domestique. Mais bientôt, sans aucune influence étrangère, et par une inclination naturelle, il dirigea toutes ses pensées vers le sacerdoce. Une piété tendre et affectueuse, qui a fait, du reste, le caractère particulier de sa vie, un goût prononcé pour tout ce qui avait rapport aux saintes fonctions de la carrière vers laquelle il tournait tous ses désirs, décidèrent ses religieux parents à favoriser une vocation qu'ils eussent craint d'entraver autant qu'ils évitaient de l'exciter. Le jeune de Quélen fut admis parmi les élèves du collége de Navarre à Paris. Son goût pour les choses saintes s'y développant chaque jour, et sa piété croissante faisant espérer à ses maîtres qu'ils n'auraient qu'à s'applaudir de son admission parmi les lévites, il fut tonsuré le 14 février 1790, âgé seulement de onze ans et quatre mois.

Il serait assez difficile d'expliquer autrement que par une vocation bien prononcée le choix que fit à cette époque le jeune de Quélen. Déjà le 2 novembre précédent, l'Assemblée Nationale avait dépouillé le clergé de ses propriétés ; et bientôt après, la persécution, qui sévissait avec tant de fureur contre tout ce qui portait un nom illustre par la noblesse ou par la vertu, ne lui permettait pas même de continuer son éducation au collége de Navarre ; il quittait cette maison, rentrait dans sa famille, et y poursuivait ses études au milieu des horreurs du règne de la terreur, qui frappait ses proches et les envoyait à l'échafaud.

Il fallait, certes, une vocation bien décidée pour résister à de telles épreuves. Celle du jeune de Quélen ne fut pas même ébranlée ; les études qu'il avait commencées au collége de Navarre, il les continua à Paris tant que sa famille y demeura, et, quand elle se retira à Versailles, il l'y accompagna et les poursuivit sous la direction de quelques vertueux ecclésiastiques fidèles à leurs devoirs, et qui, obligés de chercher un asile, l'avaient trouvé, généreux et discret, auprès de ses parents.

Quand le calme fut rétabli, le jeune de Quélen vint se mettre à Paris sous la direction d'un vénérable prêtre, M. Emery, qui réunissait dans sa demeure quelques élèves du sanc-

tuaire, destinés à remplir bientôt les vides
que l'exil et l'échafaud y avaient faits. Ce fut
là, dans la compagnie de ces séminaristes
édifiants dont la vocation s'était, pour ainsi
dire, épurée en traversant les plus cruelles
épreuves, que M. de Quélen reprit et acheva
son cours de théologie. Il reçut successivement les quatre ordres mineurs, le sous-diaco-
nat, le diaconat, et fut ordonné prêtre à
Saint-Brieuc en 1807. Il avait alors un peu
moins de vingt-neuf ans. Ceux qui, le jour de
cette ordination, voyaient au pied de l'autel
un jeune prêtre d'une taille élevée, mais à
l'air faible et souffrant, étaient certes loin
de soupçonner toute l'énergie, toute la force
de caractère que déploierait un jour, sur le
premier siége de France, le jeune abbé auquel l'onction du pontife venait de donner les
pouvoirs sublimes du sacerdoce.

Après quelques années passées dans les plus
humbles fonctions du ministère ecclésiastique, à catéchiser les enfants, à instruire les
ignorants, à soulager les malheureux, à consoler les guerriers dont les membres avaient
été mutilés dans les combats, M. de Quélen
fut nommé vicaire-général de Saint-Brieuc.

Mais la haute estime qu'il inspirait ne tarda
pas à fixer sur lui les yeux du cardinal Fesch
qui était l'oncle et le grand-aumônier de Bonaparte. Le cardinal désira se l'attacher, et
sentit pour lui tant de confiance qu'il le
chargea de former sa maison, c'est-à-dire de
lui indiquer les personnes qui devaient la
composer, ainsi que la grande-aumônerie,
puis de lui désigner les familles qui avaient
le plus souffert pendant la révolution, et auxquelles, sans doute par un esprit de justice,
tout autant que par des considérations politiques, l'empereur voulait accorder quelques
grâces, faibles compensations de tout ce
qu'elles avaient perdu.

Ici encore tombe devant les faits le reproche d'ambition qu'on n'a pas craint d'adresser
à l'abbé de Quélen d'abord, et à l'archevêque
de Paris ensuite. Assurément rien ne lui eût
été plus facile que de faire arriver jusqu'à lui-
même et jusqu'aux siens une partie des fa-
veurs dont le pouvoir nouveau semblait vouloir être prodigue. Et qui eût osé l'en blâmer?
La révolution avait été assez fatale à sa famille pour qu'il fût autorisé à se croire en
droit de ne pas l'oublier dans la répartition

qu'il était, en quelque sorte, appelé à faire. Il pouvait du moins se réserver à lui-même quelque emploi important, quelque titre qui eût flatté son amour propre et ajouté à son crédit ; il le pouvait d'autant mieux que son influence eût été plus ignorée et sa responsabilité plus à l'abri. Cependant son oubli de lui-même et des siens fut tel qu'un autre dût songer à le réparer en faisant nommer son frère Auguste écuyer de la mère de Napoléon, et qu'il resta lui-même dans la modeste position dont il lui eût été si facile de sortir.

M. de Quélen n'occupait, en effet, aucune charge et était simplement attaché au cardinal Fesch comme aide et comme ami.

Une autre circonstance de sa vie, que nous croyons inconnue jusqu'à ce jour, parce qu'elle ne fut jamais confiée qu'à la discrétion d'un ami dévoué à sa personne depuis quarante-cinq ans, mais dont les preuves existent dans une précieuse correspondance avec Pie VII, répond bien plus victorieusement encore à ce reproche d'ambition. Elle montra en outre toute la fermeté de caractère de M. de Quélen et son attachement inviolable à l'Église catholique.

Le souverain Pontife était à Fontainebleau, où Bonaparte s'efforçait en vain de lui arracher, tantôt par des prières, tantôt par des menaces, des concessions auxquelles le Saint-Père ne pouvait consentir. — Après une de ces nombreuses visites, où l'on est allé jusqu'à dire que sa main sacrilége s'était levée sur le chef de l'Église, Bonaparte irrité, plein depuis long-temps déjà de l'idée de soustraire la France à l'autorité donnée par Jésus-Christ au pape sur toute l'Église, fait appeler l'abbé de Quélen; il commence par lui défendre de répondre un seul mot à ce qu'il va lui dire; puis, il se plaint avec amertume de la résistance qu'il éprouve de la part du souverain Pontife, vante le gouvernement religieux et politique à-la-fois de l'Angleterre et de la Russie schismatiques, où les deux pouvoirs sont réunis dans la main du prince, déclare au jeune abbé profondément affligé, qui veut en vain l'interrompre, mais auquel il impose chaque fois silence de la voix et du geste, que son intention est de rompre avec Rome et de se mettre, lui aussi, à la tête d'une Église nationale; puis, toujours sans lui permettre de répondre un seul mot :

— Je serai le premier de cette Église, vous le second, continue-t-il; voyez, réfléchissez, et surtout pas un mot à qui que ce soit; je vous reverrai pour avoir votre réponse.

Et il le congédie.

Deux jours après, il le fait rappeler. L'abbé de Quélen, qui avait tout à-la-fois beaucoup réfléchi et beaucoup prié, se rend sans crainte auprès de lui, et, reprenant presque phrase par phrase tout ce qui lui avait été dit l'avant-veille, montre à cet homme si grand, mais dont malheureusement l'ambition était l'unique mobile, et que l'ambition devait perdre, toute la honte dont il va se couvrir; et, quand il croit avoir épuisé les raisons propres à faire quelque impression sur son esprit et à le dissuader de se séparer de l'Église catholique, il ajoute :

— Quant à moi, je ferai tout ce qui dépendra de moi pour empêcher un si grand malheur; ma main serait broyée, ma langue arrachée, que je ne consentirais jamais...

Bonaparte, surpris et irrité de trouver tant de sagesse unie à tant de fermeté, et qui n'avait rien à opposer aux raisons victorieuses par lesquelles l'abbé de Quélen combattait son

1*

projet, ne put ni maîtriser son émotion, ni dissimuler la contrariété qu'il éprouvait; il le chassa (c'est l'expression exacte) de son appartement, avec les mouvements d'une brutale colère qui est un des plus beaux titres de gloire, et aussi un des moins connus du futur archevêque de Paris; peut-être M. de Quélen sauva-t-il ainsi la religion en France; du moins est-il sûr qu'il s'opposa avec succès à un schisme dont il eût été difficile de calculer les conséquences.

Bonaparte, dont les projets avaient été si généreusement combattus par M. l'abbé de Quélen, trouva également de l'opposition dans son oncle le cardinal Fesch, et, furieux, lui signifia de quitter Paris; le cardinal partit pour Lyon dont il était archevêque. M. de Quélen, plein de ces sentiments de reconnaissance et d'affection qui furent toujours un besoin pour son cœur, voulut partager sa disgrâce, et malgré les instances du cardinal, qui craignait de l'associer à la défaveur dans laquelle il était tombé, il n'hésita pas à s'exiler lui-même volontairement et à accompagner à Lyon son vénérable ami.

La nomination de chapelain de l'impératrice

Marie-Louise vint trouver M. de Quélen dans sa retraite ; mais, toujours peu désireux de suivre la voie qui pouvait le mener aux dignités, il refusa. Il revint cependant à Paris en 1812, mais c'était pour y retrouver ses parents et ses amis, et s'y livrer, comme dans les premiers moments de son ministère, aux fonctions si pénibles, mais si importantes de catéchiste. Il s'attacha aux catéchismes de Saint-Sulpice, qui jouissent d'une réputation si haute et si bien méritée ; il prit un appartement dans le voisinage de cette église, et y dit habituellement la messe.

~~~~~~

CHAPITRE II.

Restauration.—M. de Quélen sacré évêque de Samosate.—Nommé coadjuteur de Paris.—Oraison funèbre du duc de Berry.—Zèle et générosité de M. de Quélen.—Mort de M. de Talleyrand-Périgord.—M. de Quélen lui succède
sur le siége de Paris.—Il veut aller consoler
Napoléon à Sainte-Hélène.

De 1814 à 1821.

La Restauration de 1814 vint mettre un
terme à la situation déplorable dans laquelle
se trouvait alors l'Église de France : avec elle
cessait une persécution qui , du chef de
l'Église, s'était étendue à tous les ordres de
la hiérarchie ; des pasteurs exilés ou captifs
étaient rendus à leurs troupeaux ; le système
de vexations et de violences , qui tendait au

schisme, se trouvait renversé. Au moment où Rome et la France recouvraient ensemble leur souverain, au moment où la Religion et l'État se félicitaient ensemble des événements imprévus qui avaient fait disparaître une domination qu'on eût dit inattaquable, de nouveaux arrangements devenaient indispensables pour rendre à l'Église de France la paix et le repos dont elle était privée depuis si long-temps. M. l'abbé de Quélen fut nommé membre d'une commission instituée à cet effet, et y déploya un zèle et des talents qui le firent nommer évêque de Samosate *in partibus infidelium*.

Le 28 octobre 1817, l'ancienne église des Carmes (rue de Vaugirard, à Paris) voyait se presser dans son étroite enceinte doublement consacrée, par les bénédictions canoniques et les sacrifices de l'autel, et par la mort des martyrs, une foule silencieuse et saintement recueillie. Aux souvenirs d'un passé douloureux dont tous les cœurs étaient émus se mêlaient de consolantes espérances pour l'avenir. L'Église, sortie glorieuse et triomphante comme toujours, des épreuves si longues qu'elle avait eues à traverser, des combats si nombreux qu'elle avait eus à soutenir, invitait en ce moment les fidèles au premier sacre d'évêque célébré depuis la Restauration ; et cela dans le lieu même témoin de la mort sanglante de tant de saints pontifes et de saints prêtres. (1)

L'éclat de cette cérémonie, toujours si imposante et si belle, fut encore rehaussé par la noble dignité et la piété fervente de M. de Quélen, prélat consacré, qui venait de se préparer par la retraite à cette grande action de sa vie, et qui, absorbé dans la pensée des grâces et des devoirs de son ministère, semblait ne rien voir de ce qui se passait auprès de lui. Le prélat consécrateur fut M. de Pressigny, ancien ambassadeur à Rome, et alors archevêque de Besançon. M. de Coucy, archevêque de Reims, et M. de Latil, alors évêque de Chartres, et qui devait lui succéder sur le siége de Saint-Remi, étaient assistants.

Quand le vénérable cardinal de Talleyrand-Périgord eut pris possession du siége archiépiscopal de Paris, en 1819, il ne tarda pas

(1) Cent vingt ecclésiastiques y furent massacrés en 1792.

à sentir de quelle utilité serait pour lui, dans l'exercice des fonctions épiscopales et dans l'administration de cet important diocèse, un collaborateur actif et zélé sur lequel il pût se reposer d'une partie des charges nombreuses qu'il reconnaissait au dessus de ses forces. Son choix se porta sur M. de Quélen, qu'une ordonnance royale nomma et que l'autorité du Saint-Siége institua archevêque-coadjuteur de Paris, et destiné, après la mort de M. de Talleyrand-Perigord, à lui succéder. Sa Sainteté lui donna en outre le titre d'archevêque de Trajanople *in partibus*, le 17 décembre 1819.

Le 7 février suivant, le nouvel archevêque-coadjuteur prêta serment en cette qualité entre les mains du roi, et, le 12, il fut installé à Notre-Dame, en présence de M. le cardinal de La Luzerne, de M. l'archevêque de Nisibe, *nonce* de Sa Sainteté (1), de MM. les archevêques de Besançon et de Reims, de plusieurs évêques, des curés de Paris, des deux préfets, du corps municipal et d'une foule de personnes de distinction. Il habita dès ce moment l'archevêché.

(1) Les ambassadeurs du Saint-Siége auprès des différents gouvernements ont le titre de Nonces.

A peine avait-il été appelé à participer à l'administration d'un diocèse qui offre tout à-la-fois tant d'éléments de bien et de si grandes difficultés, qu'un grand malheur et un grand crime vint consterner la France : le 14 février M. le duc de Berry tombait sous les coups d'un assassin, et le 14 mars on descendait son cercueil dans les caveaux de l'abbaye Saint-Denis, à côté de ceux de ses aïeux. Désigné par une auguste volonté pour prononcer, dans cette triste cérémonie, l'oraison funèbre du prince, objet de regrets si universels, M. de Quélen, qu'on avait déjà vu orateur éloquent, plein d'âme et de sensibilité, sut admirablement profiter de cette lugubre circonstance pour donner à son auditoire d'utiles leçons. Dans un discours qui dura plus d'une heure, il développa successivement à ses auditeurs émus le sujet de leurs douleurs et celui de leurs consolations. Abordant une odieuse prévention, qui faisait regarder les Bourbons comme les ennemis de la patrie, ce fut avec un mouvement de la plus haute éloquence qu'il s'écria :

« Les ennemis de la France ! quoi ! ce saint
« Louis, le plus parfait modèle qu'offre l'his-

« toire, qui couvrit le royaume des monu-
« ments de sa charité, et qui, avec le bruit
« de ses armes, porta la renommée de ses
« largesses jusqu'aux rives du Jourdain ! Ce
« bon Henri ! qu'au milieu même de ses éga-
« rements la multitude se plaisait à nommer
« le roi du peuple ! Ce Louis XIII plein de
« justice ! Ce Louis-le-Grand, qui donna son
« nom au beau siècle, magnifique en tout,
« dans ses récompenses comme dans ses lois,
« dans ses serviteurs comme dans sa personne,
« dans les revers comme dans les succès, dont
« la main savait également élever un palais
« superbe pour la demeure des rois, et un su-
« perbe asile pour le soldat qu'il avait fatigué
« de victoires ! Quoi ! ce Louis le Bien-Aimé,
« dont on cite mille traits de bienfaisance !
« Peut-être aussi fut-il un tyran, ce monarque
« infortuné qui périt victime de la bonté de
« son cœur, et *qui fut clément jusqu'à* devoir
« *s'en repentir ?...* Ah ! nous savons que la
« France eut des tyrans qui l'opprimèrent ;
« mais nous savons aussi que ce fut lorsque
« les Bourbons eurent cessé de la gouverner ;
« lorsque, éloignés d'elle, ils ne pouvaient
« plus ni la consoler, ni la secourir ; et nous

« savons encore qu'après de longues souf-
« frances ce fut vers eux qu'elle tourna ses
« regards affaiblis, qu'elle tendit ses mains
« défaillantes, et que ce ne fut que par eux
« qu'elle fut délivrée plusieurs fois de la ser-
« vitude qui la menaçait. »

Ce discours, dans lequel l'orateur, sans dissimuler les fautes du prince dont il avait à
célébrer la mémoire, sut le montrer tour-à-
tour vaillant, sensible, généreux, charitable,
entraîné quelquefois par l'impétuosité de
l'âge et du caractère, mais conservant toujours la foi, respectant constamment la religion, et s'inclinant devant les signes destinés
à en rappeler les divins mystères, fut imprimé
et vendu au profit de l'œuvre des Sœurs de
Saint-André, ou des Filles de la Croix, qui se
consacraient à l'instruction dans les campa-
gnes, et dont madame la duchesse de Berry
était protectrice. Ce ne sera pas la dernière
fois que nous verrons M. de Quélen faire tout
à-la-fois et une bonne œuvre et un discours
véritablement éloquent.

On peut se faire aisément une idée des travaux excessifs qui attendaient, à leur prise de
possession, le nouvel archevêque de Paris et

son coadjuteur. Quelque zèle qu'eussent déployé, pendant la longue vacance du siége, MM. les vicaires-généraux chargés d'administrer le diocèse, l'absence du premier pasteur prolongée pendant onze ans avait eu de fâcheux résultats.

M. de Quélen donna successivement au clergé deux retraites pastorales, l'une au séminaire Saint-Sulpice, l'autre à celui de Saint-Nicolas du Chardonnet. Ce fut un spectacle bien consolant et bien touchant que celui offert pour la première fois aux fidèles par la réunion de leurs pasteurs, se recueillant dans la retraite pour y renouveler et y raffermir leur piété, se rappeler l'étendue de leurs obligations, la sainteté de leur état, et resserrer les liens qui les unissaient à leurs chefs comme les membres au corps.

Dès cette époque s'établit un usage beaucoup trop ignoré même du public religieux, et que M. de Quélen a conservé avec un respect trop scrupuleux pour que nous ne le fassions pas connaître.

Possesseur d'un riche patrimoine et du magnifique revenu de son siége, augmenté de celui de la grande-aumônerie et de l'allocation

affectée à la dignité de cardinal, M. de Talleyrand, dont les largesses étaient d'ailleurs
proportionnées à sa fortune, et qui répan-
dait en bonnes œuvres au-delà du superflu
des biens dont il ne se regardait que comme
le dispensateur et l'économe, voulut pourvoir
seul à tous les frais des trois retraites ecclésiastiques auxquelles il appela son clergé, et
ne laisser, ni à la charge de ses prêtres, ni à
celle des séminaires, ni même à celle de la
caisse diocésaine, aucune partie des dépenses
occasionnées par la réunion, pendant huit
jours, de deux ou trois cents personnes. Élevé
sur le siége archiépiscopal, M. de Quélen,
beaucoup moins riche cependant que son vénérable prédécesseur, suivit noblement son
bel exemple, et offrit aux membres de son
clergé, accourus autour de lui, une hospitalité digne et généreuse. Et plus tard, quand
une double émeute eut saccagé son palais,
détruit toutes ses ressources et réduit à n'avoir
pas où reposer sa tête le premier pasteur de
la première ville du monde, il sut encore, au
prix de mille sacrifices, et plus d'une fois
avec des difficultés inouies, subvenir constamment à des frais que tous eussent été si heu-

reux de se partager entre eux. Il est pénible
de penser que l'impossibilité de pourvoir par
lui-même aux dépenses de la retraite ait pu
obliger M. l'archevêque de Paris à se priver
une seule année du bonheur qu'il éprouvait à
réunir ainsi une partie de son clergé.

Mais reprenons le cours des événements :

Mille soins, mille travaux remplissaient sa
vie à cette époque : c'étaient des établissements à visiter, des assemblées de charité à
présider, des militaires à confirmer, des
évêques même à sacrer et de nombreuses
ordinations à faire, quand l'administration
du diocèse lui permettait de vaquer à ces devoirs du ministère extérieur, et quand, la
santé de Son Éminence s'opposant à ce qu'elle
remplît elle-même ces fonctions pastorales, il
était appelé à la remplacer. Mais ce temps
devait être de courte durée, et, fort jeune encore, M. de Quélen allait se trouver bientôt à
la tête du diocèse de Paris.

Déjà depuis plusieurs mois l'état de faiblesse
de M. de Talleyrand donnait des craintes sérieuses ; à ses infirmités habituelles s'était
jointe une maladie nouvelle, qui paraissait
devoir hâter le terme de cette vie si longue et

si honorablement remplie. Au commencement
d'octobre les craintes redoublèrent, et avec
elles, s'il est possible, les soins et la tendresse
toute filiale dont M. de Quélen ne cessait d'entourer le vénérable prélat qui avait eu pour
lui toute l'affection et toute la sollicitude d'un
père. Ce fut lui qui, le 14, lui administra les
derniers sacrements, et lui adressa quelques
paroles que son émotion arrêtait sur ses
lèvres; ce fut lui qui passa au chevet de son
lit les dernières et pénibles nuits d'une longue
et douloureuse agonie ; ce fut lui enfin qui,
après plusieurs semaines de fatigues presque
au dessus de ses forces, lui ferma les yeux
le 20 octobre 1821, à cinq heures du matin.

Né le 18 octobre 1736, et âgé par conséquent de quatre-vingt-cinq ans et deux jours,
Alexandre-Angélique de Talleyrand-Périgord,
cardinal de la sainte Église Romaine, archevêque de Paris, grand-aumônier de France,
premier pair du royaume, grand-cordon de
l'ordre du Saint-Esprit, montra constamment,
dans une carrière si longue et traversée par
tant de malheurs, un zèle au dessus de tous
les obstacles, une sagesse toujours proportionnée aux circonstances fâcheuses dont il

fut témoin, un esprit de foi qu'il manifestait
dans toutes les occasions. « Une mort non
« moins admirable par la patience et la piété
« qui l'accompagnèrent devait couronner une
« vie passée dans l'exercice des vertus chré-
« tiennes, dans la sainteté des fonctions pasto-
« rales, dans les épreuves et la résigna-
« tion. » (1) Sa vie était le plus bel héritage
et le legs le plus précieux qu'il pût laisser à
son successeur : nous allons suivre celui-ci
dans la carrière nouvelle qui s'ouvre devant
lui, et où l'a précédé ce digne prélat. Mais
rappelons auparavant un fait que nous croyons
peu connu.

Depuis plusieurs années, Napoléon demandait qu'on autorisât un prêtre catholique à se
rendre et à demeurer auprès de lui. Déjà en
mai 1818, le cardinal Fesch avait fait connaître au cardinal Consalvi que son neveu
ainsi que les personnes qui l'avaient accompagné à Saint-Hélène s'affligeaient de n'avoir
pas de ministre de la religion, et sollicitaient
la protection du Saint-Père pour obtenir

(1) Mandement de M. de Quélen, annonçant
la mort de M. de Talleyrand.

qu'un ecclésiastique leur fût envoyé. Le pape
ordonna avec le plus grand empressement de
commencer auprès du gouvernement anglais
les démarches convenables, joignant à la re-
commandation de les suivre avec toute l'insis-
tance propre à les faire réussir, des paroles
remplies de charité, de bonté et de généreux
intérêt. Cette négociation traînant en lon-
gueur, et Napoléon sentant peut-être sa fin
approcher, s'adressa en 1820 au gouvernement français, et sollicita de lui ce qu'il
n'avait pu encore obtenir, ajoutant que son
plus cher désir était d'avoir un prêtre français. Une telle demande était trop juste pour
qu'un ministre catholique la rejetât ; mais, ne
sachant sur qui fixer son choix, le ministre
de l'intérieur se rendit auprès de M. de
Quélen, alors coadjuteur de Paris, afin de
lui faire part de l'embarras dans lequel il se
trouvait, et de le prier de lui désigner un
ecclésiastique propre à cette mission.

M. de Quélen réfléchit un instant; sans
doute il se rappela alors et les ouvertures
que lui avait jadis faites l'empereur sur ses
projets schismatiques, et la brutalité avec laquelle, irrité de ses observations, il l'avait

jeté à la porte de son cabinet ; aussi répondit-
il au ministre :

« *Je connais quelqu'un qui acceptera cette
mission de grand cœur, et qui, j'espère, sera
favorablement accueilli par Napoléon à Saint-
Hélène. Écrivez pour le proposer ; j'obtiendrai
l'agrément du roi et je partirai aussitôt, car
c'est de moi que je vous parle.* »

On conçoit sans peine que cette proposition n'eut pas d'autre suite, et que le ministre n'eut garde de faroriser le pieux empressement de M. de Quélen, qui, à la veille
de devenir titulaire du siége de Paris, demandait, avec une sublime abnégation, à changer
un si beau titre contre les modestes fonctions
d'aumônier d'un empereur déchu, et d'un
empereur dont il avait eu tant à se plaindre.

~~~~~~

CHAPITRE III.

M. de Quélen visite les paroisses de Paris. — Son zèle apostolique. — Troubles suscités par la malveillance. — Il est nommé pair de France et membre de l'Académie française. — Discours de M. l'archevêque sur la réduction des rentes. — Il est reconduit en triomphe à son palais. — Il assiste Louis XVIII à son lit de mort.

De 1821 à 1824.

Après la mort du prélat dont il était coadjuteur, M. de Quélen monta tout naturellement sur le siége de Paris et devint ainsi le successeur légitime et immédiat de cent vingt-deux pontifes (cent dix évêques et douze archevêques) dont six sont honorés comme saints et treize ont été cardinaux. Un des premiers

actes de son administration fut d'accomplir
là visite de tout le diocèse ordonnée par
M. de Talleyrand-Périgord, et de la manière
que celui-ci l'avait prescrite, c'est-à-dire en
y joignant quelques exercices pieux, dirigés
par des missionnaires. Cette visite devait
avoir lieu successivement dans les douze ar-
rondissements de Paris. Elle commença par
le plus pauvre de tous, le douzième. Monseigneur se rendit, accompagné de missionnaires
pleins de charité, dans les églises Saint-
Étienne du Mont, Saint-Jacques du Haut-Pas,
Saint-Nicolas du Chardonnet et Saint-Mé-
dard.

Il serait difficile de se faire une idée exacte
du zèle que déploya à cette époque M. de
Quélen. Peu satisfait de présider à l'ouverture
de la mission dans chaque paroisse, il en visitait une ou deux chaque jour, secondait les
missionnaires dans la chaire, faisait annoncer
qu'il entendrait au confessional toutes les personnes qui s'y présenteraient, en un mot,
remplissait tous les devoirs de pasteur avec
un empressement qui eût pu paraître incom-
patible avec ses immenses travaux, si le zèle
éclairé ne savait pas multiplier les moyens

d'opérer le bien. Celui que produisait la mission était incontestable : soir et matin, les quatre églises pouvaient à peine contenir la foule avide d'entendre et les hommes apostoliques qui lui parlaient des vérités du salut depuis si long-temps oubliées, et le premier pasteur dont l'onction, le dévouement et la bonté touchaient les cœurs. Quelques tentatives coupables eurent lieu néanmoins pendant les deux mois que durèrent les prédications de la mission : à Saint-Jacques du Haut-Pas, des jeunes gens se présentèrent armés de bâtons, envahirent la nef et jetèrent l'effroi parmi les assistants ; à Saint-Étienne du Mont, la détonation d'une boîte fortement chargée occasionna quelque trouble ; l'introduction dans l'église d'une vessie pleine de gaz méphitique eût pu aussi avoir un fâcheux résultat : mais le bon esprit de la population de ce quartier, l'estime que les missionnaires avaient acquise, paralysèrent ces criminels efforts. Il était facile de voir quel était le but des hommes de désordre : ils voulaient faire naître un prétexte pour jeter sur la mission le blâme et la défaveur ; ce prétexte ne leur fut pas donné, et les exercices, continués sans interruption, furent clos par des communions édifiantes, et, à Saint-Jacques, par l'érection d'une croix destinée à perpétuer le souvenir de ce temps de grâce.

Encouragé par les succès obtenus dans le douzième arrondissement, M. l'archevêque ouvrit, le 24 février 1822, la mission et la visite pastorale dans le troisième, et se rendit successivement dans les églises Saint-Eustache, Notre-Dame-des-Victoires (ou des Petits-Pères) et Bonne-Nouvelle, pour y remplir, comme il l'avait fait déjà dans le douzième arrondissement, toutes les fonctions du ministère pastoral. Tout annonçait que les fauteurs des premiers désordres avaient renoncé à des projets dont le résultat avait si peu répondu à leur attente. Ouverte dans un calme profond, et d'autant plus remarquable qu'aucun déploiement de force publique n'avait été fait, la mission se continuait sans obstacle, quand tout-à-coup l'église des Petits-Pères devient le théâtre des scènes les plus scandaleuses et les plus révoltantes. Des cris aigus se mêlent au chant harmonieux des cantiques; des chansons grossières et obscènes couvrent la voix des prédicateurs,

2*

qu'on ne se borne pas à insulter, mais que l'on frappe avec une violence telle qu'un d'entre eux, M. l'abbé du Mesnildot, manqua perdre la vie. Des groupes formés sur la place et dans les rues adjacentes poussent de sinistres clameurs, et insultent les fidèles qui se rendent à l'église.

Le but des agitateurs était encore évident : on voulait ici, comme on l'avait voulu à Saint-Jacques et à Saint-Étienne du Mont, interrompre et faire cesser les exercices pieux de la mission. Enhardis par les coupables déclamations de quelques journaux de parti, une foule de jeunes gens toujours prêts à parler de liberté, à demander la liberté, à crier vive la liberté ! prétendaient ne pas laisser à d'autres le droit et la liberté de se réunir pour prier. Des hommes à cheveux blancs ne rougissaient pas d'exercer sur ces imaginations ardentes une coupable influence : des hommes que leur position devait éloigner de ces scènes tumultueuses ne craignaient pas de s'y mêler, au risque de s'y faire arrêter, comme il arriva à MM. Demarçay et de Corcelles, députés de l'extrême gauche.

Ce fut un moment critique : ce fut une de

ces circonstances où la faiblesse donne gain de cause à la force brutale, et où l'on perd tout quand on recule, ou même quand on hésite. La conduite de M. l'archevêque fut admirable de calme et de sang-froid. Arrivé aux Petits Pères au moment où l'émeute avait d'autant plus d'énergie que l'autorité n'avait pris aucune mesure pour s'opposer à ses excès, il parvient non sans peine à pénétrer dans l'église, monte en chaire, se plaint avec dignité et avec force des insultes avec lesquelles on accueille les prédicateurs de la parole sainte, déclarant que ses coopérateurs et lui sauront se rappeler l'exemple du Sauveur et les persécutions prédites à l'Église et à ses ministres. Comprend-on que de si justes plaintes aient excité d'indécentes clameurs; que la voix du prélat ait été couverte, et que la force armée ait dû le protéger contre la fureur d'une jeunesse insensée, pour l'aider à regagner sa voiture, tandis que, cernés dans l'église, deux des missionnaires devaient y passer la nuit pour n'être pas impitoyablement massacrés?

L'autorité pouvait-elle céder devant ces exigences de la foule ameutée? parce que des placards affichés aux portes de l'École de Droit et de l'École de Médecine avaient engagé les étudiants à s'unir contre le *fanatisme religieux*, et parce que cet appel à la violence avait été entendu, le pouvoir devait-il fléchir et s'abdiquer lui-même? aucun de nos lecteurs n'oserait le penser. Des mesures rigoureuses furent prises, les rassemblements dissipés, des arrestations faites, et les exercices religieux purent être continués au milieu d'une affluence désormais paisible et recueillie. Ils durèrent deux mois, et furent terminés, dans les trois paroisses, par des communions générales.

Veut-on savoir quel fut, entre mille autres traits inconnus, un des résultats de cette mission, contre laquelle on avait soulevé si odieusement d'injustes préventions?

Un de MM. les missionnaires fut chargé par un de ses pénitents de remettre à M. T., alors député du Pas-de-Calais, et collègue à la Chambre de MM. de Corcelles et Demarçay, arrêtés au milieu des groupes, une somme de 3,000 fr. qu'il avait perdue au jeu vingt-cinq ans auparavant, dans une occasion où on avait abusé de son inexpérience, perte qui

l'avait irrévocablement guéri de la passion du
jeu. Voilà comment les missionnaires trou-
blaient les consciences. Ne serions-nous pas
tous fort heureux si beaucoup de consciences
étaient ainsi troublées?

L'opinion publique, un instant égarée, se
fit une arme contre M. l'archevêque de Paris
des désordres qui avaient eu lieu et qu'on
avait dû réprimer avec énergie. Oubliant ou
feignant d'oublier qu'il avait borné son ministère à évangéliser ses diocésains, on voulut le rendre responsable des malheurs insé-
parables d'une sédition; comme si, sous une
législation qui proclamait la liberté des cultes,
un premier pasteur n'avait pas eu le droit
d'inviter les fidèles à se réunir pour entendre
sa voix et pour prier avec lui! — On l'a reconnu plus tard, quand le premier moment
d'effervescence a été passé; mais que d'esprits
prévenus ont conservé contre le pieux prélat
des préjugés qu'ils n'eussent jamais conçu s'ils
avaient pu seulement le voir et l'entendre à
cette époque!

Du reste, la mission continua cette année
et l'année suivante sans aucune difficulté nouvelle: une seule tentative de désordre faite à

Saint-Nicolas des Champs, le 18 novembre
1822, second jour de la mission, ne trouva
dans le peuple aucune sympathie, et si, le
lendemain, les missionnaires furent encore
poursuivis par quelques hommes sans aveu,
tout rentra peu à peu dans le calme paisible
que demandent avant tout nos saintes cérémonies.

Il y eut deux choses bien admirables dans
ces jours d'inquiétudes et de craintes : ce fut
d'une part l'empressement constant des fidèles
à se rendre à l'appel des hommes de Dieu; de
l'autre l'activité du pontife, qui se multipliait,
pour ainsi dire, afin de ranimer par sa présence le zèle des uns et la foi des autres,
qu'on voyait des six heures du matin dans
une église, y monter en chaire, y faire le
prône et baptiser : à midi dans une autre, y
parler pendant une heure, et quelquefois
davantage ; le soir dans une troisième, où il
se faisait entendre pour la troisième fois :
c'est qu'il était, comme il le disait dans le
mandement par lequel il annonçait, le 9 octobre 1822, la continuation de sa visite pastorale, « *soutenu par la force de celui avec qui*
« *nous pouvons tout*, rassuré par les premières

« bénédictions que le Seigneur avait répan-
« dues sur son ministère, avide d'en moisson-
« ner de plus abondantes encore, brûlé d'une
« soif ardente pour le salut éternel de ses
« frères, pressé par une ambition divine, la
« seule qui lui fût permise, celle de les ga-
« gner tous à Jésus-Christ, rempli du désir de
« *leur livrer l'Évangile de Dieu aux dépens de*
« *tous les sacrifices, de sa vie même.* »

Peu s'en fallut qu'il ne payât en effet de sa
vie les excès d'un zèle qui ne suivait pas toujours les règles de la prudence humaine.
— Pendant que les exercices de la mission
avaient lieu à Saint-Roch, il venait, après avoir
prêché, de reprendre sa place dans le banc de
l'œuvre afin d'assister à la glose du mission-
naire : bientôt le froid le saisit, de graves accidents se déclarèrent et firent naître un instant des craintes sérieuses. Grâce au ciel et
aux soins qui lui furent prodigués à temps par
M. le docteur Caillard, devenu depuis ce moment son médecin et son ami, il eut bientôt
recouvré ses forces, dont il fit usage pour aller
témoigner aux fidèles réunis les regrets qu'il
avait éprouvés quand il n'avait pu se trouver
avec eux.

Tandis que ses diocésains voyaient ainsi chaque jour au milieu d'eux ce pasteur qui se faisait véritablement tout à tous, le clergé recevait de lui un témoignage authentique de sa sollicitude pastorale, par les corrections du bréviaire de Paris auquel il mit la dernière main. M. de Talleyrand-Périgord étant mort avant d'avoir pu achever ce travail, ce fut M. de Quélen qui publia le mandement placé en tête du nouveau bréviaire ; mais, par un sentiment de délicatesse touchant, il voulut que les armes et le nom de M. de Talleyrand décorassent le frontispice de chaque volume, ne se réservant à lui-même que le mérite d'avoir exécuté ses volontés.

Tandis qu'il se dévouait ainsi tout entier à l'édification publique, non seulement dans les églises de son diocèse, mais dans les communautés qu'il visitait, dans les assemblées qu'il présidait, dans les colléges et les écoles où sa présence était un sujet de joie, de nouvelles dignités alllaient lui être accordées par le souverain Pontife, par le roi, et par une illustre assemblée.

Le *pallium* lui fut donné par le pape et remis avec pompe le 16 mai 1822, dans l'église de Notre-Dame, par M. l'archevêque de Nisibe, nonce de Sa Sainteté. — Le 31 octobre de la même année, une ordonnance royale le nomma membre de la chambre des Pairs.— Enfin l'Académie Française l'élut dans sa séance du 29 juillet 1824; sa réception eut lieu en même temps que celle d'un de nos meilleurs poètes, M. A. Soumet, le 25 novembre suivant. Nous regrettons que les bornes de cet abrégé ne nous permettent pas de citer quelque passage du beau discours qu'il prononça à cette occasion : nous dirons seulement que le prélat réunit tous les suffrages, par la manière dont il traita le sujet qu'il s'était proposé : *l'alliance de la religion avec les lettres, les sciences et les arts.* (1)

Peu de temps auparavant, M. de Quélen avait obtenu un grand succès à la chambre des Pairs. M. de Villèle, alors ministre des finances, avait présenté un projet de loi tendant à réduire le taux des rentes sur l'état.

(1) Ce discours est reproduit presque en entier dans la grande *Vie de Mgr. de Quélen*, tome Ier.

M. l'archevêque, convaincu que le projet était injuste, qu'il dépouillait un grand nombre de ses diocésains, prononça un discours si remarquable que le résultat fut le rejet du projet ministériel par la Chambre. Voici les premières lignes de ce discours :

« Je m'étais promis de ne jamais oublier que le caractère dont je suis revêtu et mon titre de premier pasteur de cette capitale m'obligent à une plus grande réserve sur les choses purement politiques, et j'ai dû prendre avec moi-même la résolution de ne rompre un silence dont bien des raisons me font sentir la nécessité, que dans les circonstances où les intérêts de la religion en général, et ceux de mon diocèse en particulier me commanderaient d'élever la voix.

« Aussi, dans la question qui nous occupe, une des plus graves qui ait été soumise à votre examen et à votre jugement, me serais je abstenu de mêler des réflexions qui sembleront trop faibles peut-être, à tant d'autres considérations si judicieuses et d'un ordre supérieur qui vous ont été présentées, si je n'y avais été poussé par le sentiment et entraîné par le besoin d'acquitter un devoir qui, pour être délicat et pénible à remplir, n'en est pas moins rigoureux et sévère. » (1)

On comprit fort bien que M. de Quélen plaidait véritablement la cause de son troupeau, que son opposition au projet ministériel était dû à un mouvement de sollicitude pastorale : quand il sortit de la Chambre, des acclamations unanimes accueillirent le prélat : ses chevaux furent détclés, et ce fut en triomphe qu'on le reconduisit à son palais, à ce même palais que la fureur populaire devait bientôt dévaster et le pouvoir anéantir. Ceci se passa le 31 mai 1824.

Cependant Dieu allait bientôt « commander à la mort de frapper sur le trône, et la mort allait obéir. » (2) Les longues et douloureuses infirmités de Louis XVIII l'esaient depuis long-temps redouter cet événement. M. l'archevêque de Paris l'assista à ses derniers moments avec M. le prince de Croï, grand-aumônier, et M. Frayssinous, évêque d'Hermopolis.

(1) Voir le discours cité *tout entier* dans la grande *Vie de Mgr. de Quélen*, tome 1er.

(2) Mandement à l'occasion de la mort de Louis XVIII.

~~~~~~~~~~~~~~~~~~~~~~~~~~~~~~~~~~~~

CHAPITRE IV.

Fatigues de M. de Quélen. — Dépérissement de sa santé. — Voyage en Italie. — Lettre de Rome. — Son retour. — Il va à Annecy et officie à la translation des reliques de saint François de Sales. — Jubilé à Paris. — Monument de la place Louis XV. — Charité de M. l'archevêque pour les régicides. — Translation des reliques de saint Vincent de Paul à Paris. — M. de Quélen refuse la présidence du conseil des ministres. — Il n'a pas même connu les ordonnances de juillet.

De 1825 à 1830.

L'année suivante, des travaux prolongés et des fatigues excessives dans l'administration diocésaine compromirent gravement la santé de M. de Quélen. Un malaise général, qui ne lui permettait presque plus aucune application, donnait à ses amis des inquiétudes d'autant plus vives que le prélat consultait moins ses forces affaiblies que son courage. Une réunion de médecins eut lieu sur la proposition de M. le docteur Caillard, médecin ordinaire de Sa Grandeur; et, leur avis unanime ayant été que le repos, la distraction et un changement d'air momentané étaient indispensables, quel que fût d'ailleurs le lieu que M. l'archevêque préférerait visiter, un voyage à Rome fut aussitôt et tout naturellement décidé : on comprend avec quel empressement, puisqu'il devait s'éloigner pour quelque temps de son diocèse, le prélat saisit cette occasion d'aller se prosterner aux pieds du successeur de saint Pierre, d'aller vénérer cette chaire apostolique à laquelle il fut si constamment et si fidèlement attaché. Une circonstance d'ailleurs lui fit diriger ses pas vers la capitale du monde chrétien; c'était l'époque du jubilé. Le 13 juin 1825, il réunit MM. les curés, leur donna quelques instructions, et partit le soir avec MM. Desjardins et Borderies, ses grands-vicaires.

Ce voyage, qui devait donner au pasteur

du diocèse de si douces consolations, commença néanmoins sous de fâcheux auspices ; à quelques heures de Paris sa voiture cassa ; puis l'essieu se brisa une seconde fois à cinquante lieues, et l'obligea à s'arrêter. Après avoir célébré la messe à Dijon, il arriva cependant à Genève le 18, passa le Simplon le 21, vit Milan le 22, y célébra la messe, offrit ses hommages à l'empereur d'Autriche, et entra dans Rome le 27 à midi.

L'accueil du souverain pontife Léon XII, qui, n'étant encore que cardinal, avait connu M. de Quélen à Paris en 1814, fut plein de bienveillance et d'affabilité. Le prélat en parlait en termes touchants dans une lettre du 19 juillet qui témoigne de son affection pour ses diocésains :

« Nous n'avons, y disait-il, qu'à rendre grâces à Dieu du succès de notre voyage; la chaleur, quoique forte, ne m'a pas paru insupportable. Aujourd'hui nous avons rempli les conditions prescrites pour gagner le jubilé, et nous espérons l'avoir gagné. Je n'ai pas besoin de vous dire que tout le diocèse de Paris nous était présent, et Dieu m'est témoin qu'il ne s'est pas passé un seul jour où je n'aie cherché à intéresser en sa faveur tant de saints et de saintes dont la mémoire est ici toute vivante. Il me tarde déjà de revenir, et je n'aspire qu'à retourner auprès du troupeau qui m'est confié, pour lui rendre, selon les forces que Dieu voudra me donner, tous les bons offices qu'il est en droit de réclamer de moi. »

Le séjour du prélat à Rome ne se prolongea pas au-delà du terme qu'il avait d'avance fixé : il en partit le 10 juillet pour se rendre à Naples, revint le 18, prit congé du Saint-Père, et quitta la capitale du monde chrétien le 21, afin d'être de retour à Paris pour célébrer à Notre-Dame la procession du vœu de Louis XIII, à laquelle le roi devait assister. Il arriva en effet à Paris le 11, et officia le 15 à la métropole, où ceux qui le virent purent se convaincre de l'effet merveilleux qu'avait eu sur sa santé délabrée le délassement qu'il venait de prendre.

L'année suivante, M. de Quélen s'absenta encore une fois de son diocèse, mais pour bien peu de temps et pour un motif de tendre piété. Une auguste cérémonie se préparait à Annecy, la translation des reliques de saint François de Sales et de sainte Chantal. M. l'archevêque de Paris, qui méditait depuis long-temps un projet analogue en l'honneur de saint Vincent de Paul, voulant se joindre aux prélats nombreux qu'allait attirer cette belle solennité, se rendit à Annecy avec MM. Gallard, vicaire-général, et Quentin, chanoine de la métropole, officia le 21 août 1826 à la cérémonie de la translation, chanta la grand'-messe, donna le salut, et revint à Paris, le 25 septembre, après avoir parcouru en pieux pèlerin une partie de la Suisse, et avoir recueilli partout des témoignages d'un profond respect.

Une perte douloureuse l'affligea vivement à son retour : son frère, M. le comte Auguste de Quélen, venait d'être enlevé presque subitement à son affection. L'année précédente, après son voyage d'Italie, il avait eu à pleurer la perte d'une tante dont la tendresse pour lui avait été celle d'une mère.

Quand M. de Quélen partit pour Annecy, les exercices du jubilé venaient d'avoir lieu ; le prélat avait donné de grandes preuves de zèle pastoral en prêchant le carême à

Notre-Dame ; (1) il y avait fait tous les jours une instruction pendant le jubilé. Ce jubilé apporta à son âme de grandes consolations. On vit avec édification des réunions immenses de chrétiens, tantôt traversant avec un imperturbable recueillement les rues et les places bruyantes de la capitale, pour accomplir les conditions imposées à leur piété aussi généreuse que docile ; tantôt, en des jours plus solennels, rangés avec ordre comme une milice sacrée sous l'étendard de la croix, animés par les plus augustes exemples, suivant les pas de leurs pasteurs et de leurs guides, et faisant retentir les airs des cantiques de la pénitence. On crut alors que ce moment de ferveur serait favorable à l'expiation publique

*

(1) Monseigneur continua à faire chaque année, jusqu'en 1830, des instructions pendant le carême à Notre-Dame. C'était le vendredi qu'il prêchait ; la Passion du Sauveur, sujet habituel de ses exhortations touchantes, semblait surtout convenir à son éloquence toute du cœur, et à son ardente charité ; il était impossible d'être plus pathétique, de parler plus à l'âme.

3*

d'un grand crime que la France a à déplorer, du meurtre de Louis XVI. La pose de la première pierre d'un monument expiatoire eut lieu le 3 mai sur la place Louis XV, comme on le sait ; mais on ignore une des particularités de cette journée qui fait le plus d'honneur à M. l'archevêque.

Quand parut l'ordonnance du 27 avril qui ordonnait l'érection du monument destiné à couvrir la terre sur laquelle avait coulé le sang du roi martyr, M. de Quélen se rendit auprès de madame la duchesse d'Angoulême et lui fit part du généreux désir qu'il avait conçu. Il demandait que S. A. R., puisant dans la religion une force surhumaine, accompagnât le roi sur la fatale place ou s'était dressé l'échafaud de son auguste père, et que là, se jetant aux genoux de Sa Majesté, elle lui demandât le rappel de ceux qui l'avaient fait mourir et l'oubli de leur crime. Cette noble pensée fut comprise, et la pieuse princesse promit cette glorieuse démarche. Mais plus le moment approchait, plus elle sentait son courage faiblir, et quand elle se vit enfin sur le point d'arriver en face de ce lieu qui lui rappelait de si cruels souvenirs, ses forces l'abandonnèrent ; elle sentit qu'elle mourrait avant de parvenir aux pieds du roi , et elle fut contrainte de rentrer aux Tuileries par le guichet de la rue de l'Échelle.

Ainsi M. l'archevêque de Paris , par un moyen ingénieux et touchant, cherchait à obtenir du roi le pardon des régicides. Les hommes qui au nom du libéralisme, l'ont si impitoyablement poursuivi de leurs outrages , ont-ils connu ce trait de charité ?

La sollicitude pastorale de M. l'archevêque de Paris lui inspira, peu de temps après, une des plus belles cérémonies dont il nous ait été donné d'être témoins, et le portait à honorer par un acte solennel et public la mémoire du saint fondateur de tant d'asiles où les enfants abandonnés retrouvent de nouvelles mères, où les pauvres malades recouvrent à-la-fois et le repos de la conscience et la santé du corps. La translation des reliques de saint Vincent de Paul eut lieu le 25 avril 1829. Le cortége se rendit de l'Église cathédrale où le corps avait été exposé, jusqu'à la chapelle nouvellement construite des Lazaristes, dans l'ordre suivant: la marche s'ouvrait par une députation des habitants de Clichy, où il avait été curé, et qui avaient voulu venir en corps, avec leur bannière paroissiale, prendre part aux honneurs rendus à leur ancien pasteur. Les associations d'hommes de Sainte-Geneviève et de Saint-Joseph suivaient avec leurs bannières et en chantant des cantiques. Les frères des écoles chrétiennes précédaient, fort nombreux, les élèves des séminaires de Saint-Sulpice (de Paris et d'Issy), de Saint-Nicolas, du Saint-Esprit, de Picpus et des Irlandais. Après eux venaient les ecclésiastiques des paroisses, des colléges, des couvents, les curés de la banlieue, ceux de la ville en étole, les prêtres de la congrégation de la Mission ; dignes enfants de saint Vincent de Paul, qui devaient avoir une place distinguée dans une pareille cérémonie, et qui escortaient en quelque sorte la châsse (1) portée au milieu d'eux par des associés de Sainte-Geneviève, revêtus d'aubes et formant trois divisions qui

(1) Cette châsse, en argent massif, et au dessus de laquelle le saint est représenté s'élevant vers le ciel entouré d'anges, est à jour sur les côtés, et laisse voir les habits sacerdotaux dont le corps est revêtu.

se chargeaient alternativement du précieux fardeau. Un groupe de plusieurs centaines de sœurs de la Charité, tant de leur maison principale que de leurs autres établissements de Paris et des environs, accompagnait et suivait le corps, qui était ainsi entouré de la famille du saint, à laquelle on avait eu l'heureuse pensée de joindre quelques enfants trouvés, nouvel hommage rendu à celui qui leur avait ouvert des asiles. Les chanoines de divers chapitres précédaient ceux du chapitre métropolitain ; puis venait la chapelle du roi, et enfin les prélats au nombre de dix-sept, et dans l'ordre suivant : MM. les évêques de Versailles, de La Rochelle, de Grenoble, de Bayeux, de Soissons, de Chartres, de Nancy, de Samosate, de Châlons, de Moulins ; M. l'ancien évêque de Tulle ; MM. les évêques de Belley, d'Amiens, d'Evreux, de Luçon, de Montauban ; M. l'archevêque nommé de Sens, et M. l'archevêque de Paris, en chape et en mitre, assisté de deux de ses grands-vicaires, et suivi d'une foule de personnages de distinction et de hauts dignitaires de l'État.

Malgré les efforts de plusieurs journaux, qui ne cessaient depuis plusieurs jours de décla-

mer contre l'illégalité des processions, de
contester l'authenticité d'une relique reconnue
avec un soin qui ne permet pas le moindre
doute. et de se permettre les plus révoltantes
plaisanteries , la population , qu'on eût dit
s'être ébranlée tout entière, semblait protester par son silence contre toutes les tentatives faites pour l'égarer , et autorisait le vénérable prélat à se réjouir et à dire dans l'expan-
sion de sa joie :

« Voilà, N. T. C. F. , ce qui a été vu par
plus de trois cent mille témoins, à la tête desquels nous devons citer avec un juste éloge
vos magistrats si recommandables et tant
d'illustres personnages qui se sont fait un
devoir et un honneur de donner en cette circonstance l'éclatant témoignage d'une religion
sans ostentation ; nous ne disons pas assez ;
voilà ce que la population presque entière de
cette immense capitale peut attester. Partout
sur le passage des reliques de l'*homme de Dieu,*
depuis l'église métropolitaine, où la foule
s'était succédée pendant un jour entier, jusqu'à la chapelle de Saint-Lazare, où elle n'a
cessé d'abonder pendant toute la neuvaine,
partout , dans les rues, jusque sur le toit des

maisons, comme l'Évangile remarque qu'on le voyait sur le passage de Jésus-Christ, l'affluence, le respect, les transports; partout, l'allégresse sur les visages, et sur les murailles elles-mêmes les signes les moins équivoques de religieux hommages et d'une vive satisfaction. »

Le résultat de cette grande solennité prouve combien M. l'archevêque était alors populaire: une circonstance peu connue témoigne de la confiance que donnait en lui, quelques mois auparavant, cette incontestable popularité.

Quand, au mois d'août 1829, avait été formé le ministère de M. de Polignac, celui-ci avait été chargé de faire, de concert avec M. de la Bourdonnaye, une démarche auprès de M. de Quélen pour obtenir de lui qu'il acceptât d'entrer dans le ministère.

M. l'archevêque connaissait trop bien les hommes et les choses pour se faire illusion sur les difficultés immenses qu'allait rencontrer à chaque pas l'administration nouvelle, et pour se dissimuler que sa présence dans le conseil ne ferait qu'augmenter les embarras d'une position déjà si délicate. Il refusa.

Resté seul avec lui, M. de La Bourdonnaye

insista de nouveau avec plus de force, proposa même une combinaison qui , en excluant du cabinet le prince de Polignac , donnerait la présidence du conseil à M. l'archevêque ; il aima mieux laisser accuser son dévouement , laisser mettre en doute des sentiments auxquels il devait faire bientôt de si généreux sacrifices, que d'entrer dans un système qu'il ne pouvait approuver. — Ce fut ce ministère, dont il avait refusé de faire partie, qui lui fit donner , au mois de mai suivant , le cordon de l'ordre du Saint-Esprit , seul décoration qu'il ait jamais eue.

On peut déjà voir par ce refus de M. de Quélen d'accepter la présidence du ministère Polignac , qu'il n'a pas été , comme on l'en a accusé faussement, le fauteur des ordonnances de juillet ; on verra bientôt par la suite des événements qu'il ne les a *pas même connues* avant leur promulgation , et que la colère du peuple, en dévastant sa demeure et en menaçant sa vie, a été doublement injuste et aveugle.

Ajoutons même ici que M. l'archevêque était si éloigné de toute mesure rigoureuse qu'après la dissolution de la garde nationale de Paris, le roi Charles X lui ayant demandé la cause de la tristesse empreinte sur sa figure, il répondit avec hardiesse ; *Sire, lorsque le troupeau est violemment frappé , le pasteur doit être dans la consternation.*

~~~~~~

CHAPITRE V.

Journées de juillet.—Aucune précaution de sûreté n'était prise à l'archevêché.—Le 28, une bande de factieux s'y présente, puis se retire. — Le 29, il est envahi. — Pillage de l'archevêché, de la sacristie et du trésor de Notre-Dame.—Vols commis par les dévastateurs.

1830.

Il fallait, nous ne dirons pas au peuple, mais à ceux qui le dirigeaient, un prétexte pour le porter à l'acte le plus odieux que puisse commettre une nation civilisée, le pillage, l'incendie et la destruction du foyer domestique, en plein jour, lentement, sans le moindre effort tenté pour arrêter un si abominable désordre ; ce prétexte ne manqua pas aux régulateurs de la fureur populaire. A les

entendre, M. l'archevêque de Paris avait conseillé les ordonnances du 25 juillet 1830 ; il
avait fait des vœux pour la mort d'une partie
de ses malheureux diocésains ; il se réjouissait
à l'avance de l'effusion du sang de ceux dont
il était le pasteur et le père.

En vérité, pour concevoir aujourd'hui comment un pareil bruit put obtenir quelque
crédit, il faut se rappeler que bientôt après
ce même peuple égaré accusait les médecins
d'empoisonner les malades, et ne voulait voir
dans la cruelle invasion du choléra qu'une
atroce et inexplicable vengeance des riches
contre les pauvres!

Quand on accusait M. de Quélen d'avoir
conseillé les ordonnances, ou du moins de
les avoir connues avant leur promulgation,
on oubliait que, peu de temps avant, il avait
refusé d'entrer dans le ministère Polignac.
On oubliait sa vie tout entière, ses opinions
conciliatrices, son dévouement pour son troupeau et ce fait surtout qui ressortit évident
du procès des ministres, que personne, à
l'exception des membres du conseil, (pas
même les généraux sur l'appui desquels on
devait compter) personne n'avait été instruit

des projets qu'on méditait. Si la prévention
avait été moins aveugle, l'état dans lequel fut
trouvé l'archevêché , où nulle précaution
n'avait été prise, où les portes mêmes n'étaient
pas fermées, aurait suffi pour démontrer que,
s'il eût été prévenu de la publication des ordonnances, il aurait du moins, averti qu'il
était de l'irritation populaire par les déclamations des journaux contre lui , soustrait à
une invasion possible les objets précieux
qu'allait disperser le torrent dévastateur.

Sa visite pastorale annuelle venait de finir ;
retiré dans la maison épiscopale de Conflans,
d'où il était venu à Paris , le 11 juillet 1830 ,
pour recevoir le roi à Notre-Dame , puis le
24, à Neuilly pour administrer le sacrement
de confirmation au duc de Nemours et à la
princesse Clémentine , M. de Quélen , vague-
ment informé par la rumeur publique qu'un
coup d'État se préparait , ne voulait cependant pas y croire , et répondait aux inquiétudes et aux craintes de ses amis en montrant
sa lettre de convocation à la chambre des
Pairs. Le lundi 26 , il était à Paris et y présidait son conseil, suivant son usage constant ;
ce fut là qu'il apprit par le *Moniteur* du matin

la publication des ordonnances. La ville fut
fort calme toute la journée, et le soir, quand
il regagna sa maison de campagne de Conflans,
rien n'annonçait encore que la résistance s'or-
ganisât sur une aussi vaste échelle, et que le
lendemain matin l'insurrection dût éclater et
faire, pendant ce jour et pendant la nuit suivante, des progrès tels qu'il fût jugé nécessaire de déclarer Paris en état de siége, par
une ordonnance royale du 28.

Ce jour, après midi, une bande d'hommes
exaspérés se présenta à la grande grille de
l'archevêché, près du petit Pont-aux-Doubles,
demandant à grands cris qu'on leur ouvrît, et
annonçant l'intention de s'emparer de l'archevêque et de le pendre au drapeau trico-
lore qu'on voyait flotter depuis quelques
heures sur la tour septentrionale de Notre-
Dame.

Nous venons de dire que le prélat était à
Conflans ; nous devons ajouter que les deux
ecclésiastiques attachés au secrétariat avaient
été avertis dès le matin qu'un coup de main
devait avoir lieu. Mais comme les consciences
droites refusent presque toujours d'ajouter
foi au mal, ils avaient repoussé le conseil de

chercher ailleurs un asile, et ne s'y étaient
déterminés qu'un moment avant l'arrivée des
factieux auxquels ils n'avaient même songé à
rien soustraire, (tant était grande encore leur
ignorance de ce qui se passait!) ni les objets
qui leur appartenaient, ni ceux que renfermait le secrétariat. Le palais n'était alors
gardé que par les deux concierges, dont l'un
se présenta aux assaillants.

« Monseigneur n'y est pas, leur dit-il avec
fermeté ; » et comme ils semblaient hésiter :
« Je vous assure qu'il n'y est pas, ajouta-t-il.
—N'importe, nous voulons entrer, il y a des
calotins de sa suite; ils paieront pour lui.

— Il n'y a pas un seul ecclésiastique à
l'archevêché. »

Ils se consultèrent, semblèrent hésiter un
moment, puis se retirèrent en annonçant
qu'ils viendraient le lendemain, menace à laquelle on put fort bien ne pas ajouter fo
quand on les avait vus s'éloigner si facilement sur le simple refus d'un concierge.

Cependant le lendemain 29, entre huit et
neuf heures du matin, une troupe beaucoup
plus nombreuse que la première vint assiéger
de nouveau la grille, et annoncer qu'elle vou-

ait chercher dans les caves quatre mille fu-
ils et les *jésuites qu'on y avait cachés*. En vain
e suisse affirme que le palais ne renferme
as plus de fusils que de jésuites, ses paroles
e trouvent plus la même crédulité ; ils voci-
èrent, ils menacent d'envahir la demeure
piscopale si on refuse de leur en permettre
a visite ; le concierge est forcé d'ouvrir pour
auver sa vie ; au même moment, quelques
eunes gens, après avoir franchi les grilles du
ardin, venaient se joindre à la première bande
omposée de douze ou quinze cents hommes
t de quelques centaines de femmes.

Tandis qu'une portion des factieux enfon-
ait la porte d'une cave qui contenait le vin
lestiné aux messes célébrées à Notre-Dame
t une partie de celui de l'archevêché, puis,
oujours sous prétexte de chercher des armes
t des jésuites, se plongeait dans une ivresse
ui ajoutait encore à son exaltation, une
utre brisait les portes du secrétariat placé
u rez-de-chaussée, entre les deux cours,
orçait les serrures de la caisse et des bu-
eaux, s'emparait des fonds qui s'y trouvaient,
es papiers, des registres, et les jetait dans
a cour. En un moment tout fut dévasté, tout

jusqu'au poêle, jusqu'à la presse à sceller, jusqu'aux fenêtres, qu'on mit en pièces. Là furent anéantis en un instant tous les titres du diocèse, toutes les anciennes archives si précieuses qui avaient échappé au désastre de la première revolution ; là disparurent et les sommes destinées aux dépenses des établissements diocésains, et de saintes reliques, et de beaux reliquaires, et divers objets de prix.

Déjà, cependant, un attroupement considérable s'était formé : des figures effrayantes circulaient dans les groupes, l'irritation se propageait. Les appartements supérieurs ayant été envahis par une foule d'individus armés de sabres, de fusils, de haches, de marteaux, de pinces et d'instruments dits *monseigneurs*, outils dont se servent les voleurs seuls, les malheureux qui la composaient, et qui déjà remplissaient chaque pièce, s'affublèrent des costumes ecclésiastiques qu'ils y trouvèrent, mirent sur leurs têtes des bonnets carrés, et dans une intention qu'il est facile de deviner, tirèrent par les fenêtres plusieurs coups de fusil, pour persuader au peuple que les chanoines avaient fait feu sur lui, ruse infernale qui exaspéra davantage encore cette populace déjà trop furieuse pour réfléchir. Composé, en effet, de seize vénérables ecclésiastiques dont deux seulement étaient un peu jeunes, dont plusieurs avaient 70, 80, 90 ans, presque tous infirmes, le Chapitre de la métropole aurait-il pu même songer à résister par la force à l'envahissement de la force brutale ! — Cet incident ne fit qu'accroître la rage de dévastation et fournir un aliment de plus à la calomnie.

Parvenue dans la seconde cour, la multitude ameutée pénétra dans le corps de logis principal, occupé par M. l'archevêque, monta au premier étage, et, en ayant trouvé toutes les portes ouvertes, suivant l'ordre qu'en avait positivement donné le prélat lui-même, continua son œuvre de destruction. Restauré par ordre de Napoléon, destiné d'abord par lui à la résidence du cardinal Fesch, puis à celle du souverain pontife, le palais archiépiscopal était richement décoré et meublé. Boiseries anciennes, précieuses par leur dorure et leur travail, meubles, tentures, marbres des cheminées, lustres, glaces, livres, tableaux de prix, tout fut déchiré, brisé, brûlé ou jeté

4

dans la Seine; l'autel de la chapelle fut renversé, démoli; l'argenterie, propriété de la
ville de Paris, enlevée du coffre en fer qui la
renfermait, volée en partie, en partie défor-
mée et pillée comme le reste; une quantité de
linge assez considérable, transportée à l'Hôtel-
Dieu pour le service des blessés. En quelques
minutes toutes les serrures avaient été for-
cées, les moindres objets avaient pour jamais
disparu, et ces beaux appartements n'of-
fraient plus que le désolant spectacle de la
destruction la plus complète.

Le premier étage ainsi dévasté, la foule se
porta au second, habité par les ecclésiastiques
attachés à l'archevêché et par les gens de service; là se renouvelèrent les mêmes scènes de
pillage et de vol. Pas de coin si retiré, pas de
réduit si obscur qui ne fût fouillé avec soin et
dépouillé. C'est à coups de fusil qu'on ouvrait
les portes; à coups de hache qu'on enfon-
çait les armoires; c'est dans la cour et de
là dans la rivière ou dans le feu qu'on précipitait les livres des bibliothèques et jusqu'aux
persiennes des fenêtres. Linge, vêtements,
meubles, papiers de famille, titres, rien ne fut
épargné, et en quelques heures les paisibles

habitants du second furent réduits au plus
absolu dénuement.

Restait l'appartement de M. l'abbé Desjardins et celui du valet de chambre du prélat :
ils ne furent pas plus épargnés que les autres;
la riche bibliothèque du premier, ses tableaux
précieux, ses effets , le modeste ameublement
et peut-être les modiques épargnes du second,
tout fut encore impitoyablement saccagé. Il
n'est pas jusqu'aux concierges dont on ne
ruina l'humble demeure. En moins de sept
heures l'archevêché était totalement dépouillé:
il ne restait plus que les ruines et les murs
entièrement nus.

Mais là ne devaient pas se borner les désastres de cette journée.

Une communication existait entre l'archevêché et la salle du trésor de la métropole; on
n'y arrivait qu'en traversant l'église : cette
communication fut la cause de sa ruine. A
dix heures, une vingtaine d'hommes pénétra
dans la sacristie du chapitre, envahit et dé-
vasta le logement du prêtre-trésorier, força
la porte d'une armoire, brisa un ostensoir en
vermeil , dont on vit deux hommes se partager les morceaux et les cacher sous leurs

habits, puis arriva jusqu'à la salle du chapitre et à celle du trésor, qui renfermait les objets les plus précieux de la métropole, brisa tout ce qui résistait, déchira ce qui ne pouvait être brisé, mit en pièces les portraits des évêques et des archevêques de Paris, dispersa sur le pavé de marbre les magnifiques ornements sacerdotaux, dont des femmes enlevaient rapidement les franges, les galons et les parties les plus riches, répandit sacrilégement les saintes huiles, brisa les croix processionnelles, les reliques, les lampes, les candélabres, les girandoles; rien ne fut laissé non seulement intact, mais même en état de servir.

Le chœur seul de la métropole n'avait point encore été envahi : bientôt quelques hommes s'y présentent et exigent qu'on leur ouvre la grille pour aller, disent-ils, briser les statues des rois. Quelques observations du gardien de l'église les portent cependant à renoncer à leur projet; mais, tout en s'éloignant, ils enfoncent les armoires du vestiaire, mettent au pillage les habits de chœur qu'ils y trouvent; et, rejoints bientôt par d'autres, reviennent à leur première pensée de vouloir pénétrer dans le chœur. Déjà montés sur les bancs, ils

étaient près d'escalader les grilles du sanctuaire, lorsque tout-à-coup un grand bruit se
fait entendre : des tables de marbre précipi-
tées du premier étage de l'archevêché sur le
pavé de la cour; des meubles jetés par les
croisées du deuxième et tombant sur les vitres
du rond-point de l'église qu'ils brisent, pro-
duisent un fracas épouvantable; la peur les
saisit; ils s'enfuient en criant qu'on tire sur
eux, et personne n'entre plus dans l'église.

Au milieu de cet affreux pillage, M. Desportes, administrateur des hospices, chargea
deux de ses subordonnés, MM. Cusin et Palandre, d'aller voir ce qui se passait à l'archevêché, commission qui n'était pas sans danger
dans un pareil moment, et d'essayer de faire
entendre au peuple la voix de la raison. Ils s'y
rendirent, mais tous leurs efforts furent inu-
tiles: les dévastateurs avaient appelé à leur
aide l'eau et le feu: une chaîne avait été éta-
blie pour porter jusqu'à la rivière tout ce qui
tombait par les fenêtres, et quand les objets
arrivaient brisés sur le bord du fleuve, on les
y précipitait ou on les jetait dans un grand
feu autour duquel veillaient des hommes
armés, chargés, on ne sait par qui, d'empê-

cher qu'on ne retirât rien des flammes. —
Averti par MM. Cusin et Palandre que les
flammes de ce foyer allaient gagner les bâti-
ments et que l'Hôtel-Dieu lui-même ne serait
pas à l'abri du danger d'incendie, M. Desportes
y fit aussitôt transporter les deux pompes de
cet établissement, les suivit avec M. Breschet,
et fut assez heureux pour persuader à ceux
qui alimentaient le feu en lançant les meubles
par les fenêtres de discontinuer, et à ceux qui
fesaient la chaîne de prendre des seaux et
d'apporter de l'eau pour éteindre le feu qu'ils
entretenaient depuis deux heures. Ce foyer,
qui pouvait non seulement consumer l'archevêché, mais atteindre Notre Dame, se commu-
niquer à l'Hôtel-Dieu et réduire en cendres
peut-être tout un quartier de Paris, avec
d'autant plus de rapidité que la sécheresse
était excessive et que les secours n'auraient
été ni prompts ni bien dirigés, fut ainsi éteint
en quelques moments. Mais tout n'était pas
encore terminé.

Tandis qu'une partie de ceux qui avaient
pris part au pillage se prêtaient à éteindre le
feu qui venait de consumer tant d'objets précieux, d'autres commençaient à incendier les

appartements dévastés. Grâce à l'intervention de MM. les docteurs Caillard et Breschet,
qui leur firent comprendre que ce serait com-
promettre la vie des malades et des blessés
reçus en grand nombre à l'Hôtel-Dieu, si
voisin de l'archevêché, ce nouveau projet fut
abandonné ; mais le palais était toujours au
pouvoir de la foule ameutée, et l'on ne savait
comment empêcher de nouveaux malheurs.
Une idée heureuse se présenta alors à M. Desportes.

Vers quatre heures, il se rendit, accompagné de quelques élèves qui, comme lui,
avaient ceint le tablier blanc de service, dans
les cours du palais, se fit précéder d'un bran-
card, et annonça que, l'Hôtel Dieu ne pouvant
plus contenir les blessés, il allait faire préparer à l'archevêché des salles pour les recevoir,
et qu'il fallait, en conséquence, que tout le
monde se retirât. Il parcourut ensuite successivement avec les élèves les différentes
pièces, et parvint à les faire évacuer, aidé
par plusieurs gardes nationaux qui arrivèrent
en ce moment. Quelques heures après, le silence régnait dans le palais dévasté et désormais inhabitable.

On a vanté si haut la *pureté* de la révolution de juillet, on a tant loué le désintéressement du peuple, des *héros de la grande semaine,* qu'il n'est pas sans intérêt de voir à quoi doit se réduire et cette pureté, et ce désintéressement.— Il est vrai qu'une malheureuse femme surprise, au moment où elle dérobait, d'une manière trop visible, une tasse en argent, fut impitoyablement massacrée par ceux-là peut-être qui avaient caché sous leurs habits les débris de l'ostensoir de vermeil; il est vrai qu'une somme de 2,400 fr., faible partie de celles que contenait le secrétariat, fut portée à l'Hôtel-Dieu, et qu'une autre de 3,000 fr. fut trouvée à terre sous des papiers, et distribuée plus tard par M. l'archevêque entre les personnes de la maison qui avaient le plus souffert; mais qu'est devenu tout le reste? et à qui persuadera-t-on que tous ces hommes dont les figures sinistres ne surgissent que dans les moments de calamités publiques, que toute cette populace dont les armes étaient des instruments de vol, et dont l'extérieur annonçait la misère, aient porté le mépris des richesses jusqu'à jeter dans la rivière ou dans les flammes les sommes considérables dont personne ne pouvait leur disputer la possession, et dont il est facile, même aujourd'hui, de donner un aperçu à peu près exact.

Il y avait à l'archevêché deux espèces de fonds : ce qui appartenait en propre à M. l'archevêque et ce qui était destiné aux diverses œuvres diocésaines. — Le prélat avait vendu depuis peu plus de 10,000 fr. de rentes de son patrimoine pour en employer le capital à la fondation de l'établissement des prêtres de Saint-Hyacinthe, qu'il méditait depuis longtemps ; il avait, de plus, touché un legs de 100,000 fr. de madame Hocquart, sa tante, et ces 300,000 fr. au moins, en admettant même qu'il n'eût pas, soit en dépôt, soit à lui appartenant, des sommes plus élevées, se trouvaient dans sa caisse particulière et dans son propre appartement.

Diverses caisses renfermaient d'autres sommes considérables. Ainsi :

Le produit de la quête pour le paiement de la châsse de saint Vincent de Paul ;

Les fonds de la caisse diocésaine destinés à donner des pensions aux prêtres âgés et infirmes ;

Les fonds pour le grand séminaire ;

Le produit de la quête pour les petits séminaires ; celle du trimestre précédent venait d'être versée ;)

Les fonds du secrétariat, dont le chiffre devait être assez élevé;

Quelques dépôts pour diverses destinations pieuses.

Or, voilà tout ce qui disparut et put d'autant plus facilement être emporté que la plus grande partie de ces sommes était en billets de banque.

Un fait, du reste, prouve avec plus d'évidence encore que la rivière n'a pas englouti, que les flammes n'ont pas dévoré tout ce que perdirent dans cette malheureuse journée M. l'archevêque et les personnes attachées à sa maison.

Le 24 septembre suivant, on traduisit en police correctionnelle un nommé Foubert, sous la prévention de vol à l'archevêché. Il est vrai qu'il fut acquitté, grâce à ses protestations de patriotisme et à l'esprit qui régnait alors ; mais ce fait important résulta des débats, qu'il avait eu pour sa part deux billets de mille francs et quelques pièces d'or, qu'il avait, au reste, promptement dissipés.

L'archevêché ne fut pas le seul endroit où des vols nombreux accompagnèrent le pillage, la dévastation et l'incendie ; sans parler de tout ce qui disparut et aux Tuileries, et au Louvre, et dans les boutiques enfoncées, on se rappelle encore l'avis inséré dans les journaux pour engager les personnes qui auraient emporté du musée d'artillerie quelques objets précieux, *dans le but de les soustraire au pillage*, à les restituer ; et la demande du directeur d'une des barrières de Paris, adressée au Conseil d'État et prouvant que douze mille francs contenus dans sa caisse et tous ses effets de quelque valeur, qui se trouvaient dans son bureau, lui avaient été enlevés.

Il serait superflu d'insister aujourd'hui sur un fait que personne n'osera plus contester, que le temps a démontré jusqu'à l'évidence et que plus tard nous verrons M. Baude, préfet de police, avouer à la tribune de la Chambre des députés. Un aperçu général des objets perdus dans le désastre que nous avons raconté complétera ces détails.

On le voit, sans parler de sept meurtres commis soit dans le palais même, soit dans le jardin, le résultat du mouvement insur-

rectionnel qui porta sur l'archevêché une
foule en délire fut la dévastation totale d'un
grand édifice, dont il ne resta plus que les
murailles et la toiture ;

La ruine complète d'un riche mobilier appartenant en grande partie au département
de la Seine.

L'anéantissement de tous les titres et de
tous les papiers relatifs à l'administration du
diocèse ;

La perte de valeurs importantes formant la
fortune non seulement du premier pasteur,
mais des établissements diocésains et des pauvres prêtres âgés ou infirmes ;

La destruction d'un grand nombre d'objets
d'art, (1) de beaux tableaux, de portraits
précieux, et de sept bibliothèques.

(1) Parmi les objets précieux que possédait
l'archevêché, se trouvait un Christ en ivoire,
chef-d'œuvre de sculpture, que Bonaparte, en
1809, avait fait placer dans la chambre à coucher
du pape, pour lequel il avait fait meubler si ma-
gnifiquement ce palais. Ce Christ, frappé de
deux coups d'un instrument tranchant, fut porté
à l'Hôtel-Dieu par deux hommes du peuple, qui

La profanation des saintes reliques et de tous les objets servant au culte divin, et qui se trouvaient dans l'archevêché.

sans doute s'étaient mêlés dans de bonnes intentions aux dévastateurs, et qui, après l'avoir déposé, se mirent à genoux et l'embrassèrent en disant : *Mon Dieu, je vous aime!* La statue de la sainte Vierge, en argent, donnée par Charles X à Notre-Dame, fut jetée par la fenêtre sur le pavé; le piédestal fut brisé; trente-trois marcs d'argent qui composaient les ornements furent volés, ainsi que les pieds et le socle de la statue. Les porteurs qui amenèrent à l'Hôtel-Dieu cette Vierge ainsi mutilée dirent en entrant : *Tenez, voilà notre bonne mère que nous vous apportons.*

5

~~~~~~

CHÂPITRE VI.

Exaspération du peuple contre la personne de
M. de Quélen. — Il déclare qu'il ne quittera
pas son diocèse. — Le 28 juillet, il vient de
Conflans à Paris. — Sa voiture est arrêtée par
les émeutiers. — Il se cache à la Salpétrière, à
l'hôpital de la Pitié et chez M. Geoffroy Saint-
Hilaire. — La duchesse d'Orléans fait prendre
les mesures nécessaires pour la sûreté de l'archevêque.

1830 — 1831.

La Providence, qui n'avait pas permis que
M. l'archevêque se trouvât dans son palais
quand il fut envahi, le protégea d'une manière vraiment merveilleuse.

L'Hôtel-Dieu reçut, le mercredi 28, envi-
ron 500 blessés qui étaient remis aux méde-

cins de cet hospice par ceux qui les portaient.
Or, ces hommes que les calomnies répandues
avec un impitoyable acharnement avaient
exaspérés contre M. de Quélen, en parlaient
presque tous sans ménagement, disant que
c'était un scélérat qui faisait tirer sur le peuple, qu'il fallait le tuer, et qu'on allait le
chercher partout.

Fort heureusement, ces propos furent entendus de M. le docteur Caillard, médecin et
ami intime de M. l'archevêque : il résolut aussitôt d'aller le prévenir à Conflans. Il partit
seul, à pied, dès que M. Dupuytren fut arrivé
avec ses élèves, et gagna le quai de la Râpée.
— Hors de la barrière, il atteignit une bande
d'hommes armés de perches et de bâtons, qui
criaient à tue-tête : *Vive l'Empereur!* ils l'ar-
rêtèrent, et l'un d'eux lui dit :

« Tu es un gendarme déguisé, qui va à Vincennes demander qu'on envoie de la poudre
aux troupes !

— Et toi, tu es un imbécile, répondit
M. Caillard; en quoi ai-je l'air d'un gendarme? Je suis médecin de l'Hôtel-Dieu :
tiens, voilà ma carte.

— C'est vrai, dit un autre, je le recon-

nais ; et avec un geste et une expression éner-
gique, il ajouta : c'est lui qui m'a mis à la
diète pendant six semaines.

— Eh bien ! dit un troisième, il faut l'emmener avec nous ; ce sera commode pour
nous battre ; si nous sommes blessés, il nous
pansera. Allons, crie *Vive l'Empereur!*

— *Vive l'Empereur!* » répéta M. Caillard ;
puis il mit une perche sur son épaule, et che-
mina côte à côte avec eux.

Les marchands de vin, dont les tonneaux
encombraient le quai, les roulaient précipi-
tamment vers leurs caves, pour les soustraire
à ces hommes dont le gosier se desséchait à
crier *Vive l'empereur!* et , pour détourner l'o-
rage, leur disaient charitablement que dans
telle maison ils trouveraient des armes. Un
peu plus loin, cette bande se croisa avec une
autre qui se dirigeait sur Paris ; elles s'abor-
dèrent : on proposa de se réunir pour assiéger en commun la maison indiquée. L'affaire
fut bientôt conclue ; et pendant qu'on entrait
au cabaret, suivant l'usage du peuple de Paris, qui ne saurait terminer que là ses tran-
sactions, M. Caillard s'esquiva.

Arrivé à Conflans, il trouve l'archevêque déjeûnant avec ses grands-vicaires.

« Un couvert pour M. Caillard, dit le prélat.

— Monseigneur, reprend aussitôt celui-ci, il ne s'agit pas de déjeûner, mais de vous sauver, et sur-le-champ. Voici ce que j'ai entendu à l'Hôtel-Dieu : on veut vous tuer, on vous cherche ; et comme on sait le chemin de Conflans, on y sera peut-être bientôt. »

M. de Quélen, surpris au-delà de toute expression, ne pouvait ni croire au danger, ni consentir à se sauver.

— Monseigneur, ajoute M. Caillard avec vivacité, je vous le répète, déguisez-vous bien vite, et sauvez-vous.

— Et où voulez-vous que j'aille? Je ne veux, ni ne dois quitter mon diocèse ; dans les circonstances périlleuses, le pasteur doit rester au milieu de son troupeau.

— Monseigneur, je n'osais vous le dire, mais c'est là le parti le plus digne de vous, et peut-être aussi le plus sûr. Eh bien ! venez à l'Hôtel-Dieu, je vous cacherai, moi ! »

Le maire de Charenton arriva aussi, en disant : « Monseigneur, vous n'avez que le temps de vous sauver ; les brigands sont à Bercy, qui dévastent le château ; (ce qui n'était pas vrai ; mais il voulait effrayer le prélat pour le décider à fuir ;) ils vont venir pour vous massacrer ; nous nous ferons tuer pour vous défendre, mais vous ne périrez pas moins ; ils sont peut-être déjà au bout de l'avenue ; monseigneur, je vous en conjure, sauvez-vous bien vite. »

Enfin M. l'archevêque consentit à quitter Conflans ; mais l'abbé Desjardins était là, octogénaire, infirme, hors d'état de veiller à sa propre sûreté.

— Ah ça ! dit M. l'archevêque à M. Caillard, je vous préviens que je n'abandonne pas M. l'abbé Desjardins. Il m'a rendu de grands services, il a été un père pour moi ; je le sauverai avec moi, ou je mourrai avec lui.

— Mais, monseigneur, M. Desjardins ne court aucun danger ; personne ne lui en veut ; on ne parle pas de lui ; vous vous compromettrez sans nécessité, car il est bien plus difficile d'en sauver deux qu'un. »

M. l'abbé Desjardins fit aussi les plus vives instances auprès de M. l'archevêque pour qu'il

ne s'occupât que de lui. M. de Quélen persista.
Le maire fit encore quelques efforts :

— Monseigneur, voilà M. le curé de Conflans qui prendra chez lui M. Desjardins, et
qui en aura bien soin. Je réponds sur ma tête
qu'il ne lui arrivera rien.

— Tenez, dit M. Caillard au maire, c'est
inutile, je connais M. l'archevêque ; c'est un
Breton ; nous ne gagnerons rien ; il faut les
mettre tous deux dans une voiture, et les
faire partir. »

M. l'archevêque et M. l'abbé Desjardins
quittèrent leurs soutanes pour revêtir des re-
dingotes noires de forme ecclésiastique ; on
les fit monter dans une calèche de voyage,
sans armoiries, et ils prirent le chemin de
Paris par le nouveau pont sur la Seine et la
barrière de La Gare.

Arrivés à la barrière, ils furent entourés
par une troupe d'hommes armés qui ouvrirent
la portière et croisèrent la baïonnette sur la
poitrine de M. l'archevêque, en disant :

« Ce sont des curés ; c'est vous qui êtes
cause de tout ceci !—Cause de quoi ? on n'est
pas cause de ce qu'on ignore. Qu'est-ce qu'il

y a? Vous voyez bien que nous arrivons à Paris.

— *Vive la charte!* criaient-ils tous.

— Eh bien! *vive la charte!* répéta M. l'archevêque.

— Il ne crie pas de bon cœur, dit l'un d'eux, il faut le fusiller. — Vous voyez bien que nous n'avons aucune raison de nous sauver, puisque nous rentrons à Paris. Nous allons à l'Hôtel-Dieu : il y a des blessés à qui nous pourrons être utiles.

— Cela n'est pas vrai.

— Je vous assure que nous allons à l'Hôtel-Dieu.

— Eh bien! allez au diable si vous voulez, répliqua le même individu, en refermant brusquement la portière, brusquerie apparente qui sembla au prélat cacher une intention bienveillante. »

La voiture passa.

M. l'archevêque voulait, en effet, se rendre à l'Hôtel-Dieu et à l'archevêché; mais, en approchant du pont d'Austerlitz, il vit un rassemblement très nombreux, et, pour l'éviter, se dirigea du côté de la Salpétrière. Ce rassemblement était là en observation devant un régiment stationné de l'autre côté du pont.

La porte de la Salpétrière était fermée; M. de Quélen s'adressa au chef du poste de troupes de ligne, et lui dit :

— « Je suis l'archevêque de Paris ; j'arrive de Conflans, où j'ai appris les malheurs de la capitale ; j'aurais voulu me rendre à l'archevêché, mais le chemin n'est pas libre ; je vous prie de me faire entrer à la Salpétrière. »

L'officier fit ouvrir la porte ; quelques instants après, le poste fut désarmé par le peuple. L'archevêque fut reçu par l'aumônier dans son logement. Mais il fut reconnu de tout le monde, dans cette maison qu'il avait visitée plusieurs fois ; toutes les vieilles femmes lui baisaient les mains, se jetaient à ses pieds, imploraient sa bénédiction. Le soir, il fit avertir M. Caillard qu'il ne pouvait se rendre ni à l'archevêché, ni à l'Hôtel-Dieu : c'était lui dire de pourvoir à sa sûreté ; et déjà, en revenant de Conflans, M. Caillard était allé à l'hôpital de la Pitié prévenir M. Serres, son ami, que M. l'archevêque allait venir à Paris, et que peut-être il lui demanderait de le recevoir chez lui. A cinq heures, M. Serres en-

tendant raconter que l'archevêque était à la
Salpétrière, et qu'un jeune homme avait dit à
cette nouvelle : « J'ai deux pistolets ; je veux
savoir si un disciple de Jésus meurt avec le
même sang-froid qu'un disciple de Saint-Si-
mon. Je lui tirerai un coup de pistolet, et je
me tuerai avec l'autre, » envoya sur-le-champ
son domestique prévenir M. Caillard de ce
qui se passait. Celui-ci se rendit à la Salpétrière :

— Monseigneur, vous n'êtes pas bien ici,
vous serez découvert ; venez chez M. Serres ;
il est très connu pour ses opinions libérales,
on n'ira pas vous chercher chez lui.

M. Serres, qui avait eu précédemment
quelques rapports avec le prélat, accepta
généreusement cette confiance périlleuse. Les
deux amis allèrent donc à la Salpétrière, entre neuf et dix heures du soir, pour emmener
M. l'archevêque et son grand-vicaire. Les
prêtres de la maison insistaient beaucoup
pour les garder ; quoiqu'il fût nuit, les pauvres remplissaient les cours, et les vieilles
femmes étaient rangées en haie sur le passage
de Monseigneur, pour recevoir encore une
fois sa bénédiction. M. Caillard les renvoyait

en vain : elles se cachaient derrière les char-
milles, et reparaissaient dès qu'il s'était éloigné. Il parvint enfin à faire sortir le prélat,
et ils s'acheminèrent sans bruit vers la Pitié,
où logeait M. Serres, dont M. l'archevêque
avait pris l'habit, et qui lui donnait le bras ;
M. Caillard conduisait M. l'abbé Desjardins.
Au coin des rues de Poliveau et du Jardin-
des-Plantes, ils rencontrèrent deux hommes
qui les regardèrent avec curiosité.

« C'est M. Serres, dit l'un d'eux, » et ils
passèrent leur chemin.

Celui qui avait prononcé ces mots était un
de ses élèves ; il l'avait reconnu, mais il ne
soupçonnait certes pas que son ancien chef
emmenait chez lui l'archevêque de Paris pour
l'y cacher.

Après l'invasion de la poudrière d'Ivry,
comme toute la poudre était au pillage, un
homme prévoyant fit observer qu'il fallait
réunir la poudre dans un seul lieu, pour l'y
trouver au besoin, et se défendre si l'on était
attaqué. La chapelle située à l'entrée de l'ancien cimetière de Clamart, et consacrée depuis trois siècles à la sépulture des religieuses
hospitalières de l'Hôtel-Dieu, fut choisie pour

recevoir ce dépôt, qui fournit de la poudre pendant toute la journée de jeudi sur la rive gauche de la Seine. Or, à côté de la fontaine, à la porte du dépôt de poudre, la sentinelle cria : qui vive ?

— Amis !

— Quels amis ?

— Viens voir.

Alors un des hommes du poste se détacha, et reconnut M. Serres pour le médecin qui avait soigné un des leurs, frappé d'un coup mortel à l'entrée de la rue de Buffon, du côté du pont d'Austerlitz; on les laissa passer.

L'événement prouva que M. Caillard avait eu raison de ne pas laisser M. de Quélen passer la nuit à la Salpétrière. On savait déjà dans tout le quartier qu'il y était entré; et ces deux hommes qui l'avaient rencontré sans le reconnaître au coin de la rue de Poliveau étaient à la tête d'une bande de deux cents personnes qui se tenaient en embuscade pour investir la Salpétrière, le lendemain de grand matin; ce qu'elles firent en effet à quatre heures, annonçant la ferme volonté de s'emparer de M. l'archevêque. On avait beau dire qu'il n'y était pas, — Il y est, répondirent-ils, nous le savons; on l'a vu entrer; voilà sa voiture. »

On convint enfin qu'il y était venu, mais on assura qu'il n'y était plus, et quelqu'un ajouta :

« C'est un médecin de l'Hôtel-Dieu qui est venu le chercher. » A défaut de l'archevêque, on se saisit de sa voiture, et on l'emmena à l'Hôtel-de-Ville.

Parmi tous les étudiants en médecine occupés à panser les blessés, il y en avait un grand nombre qui partageait les préventions du peuple contre M. l'archevêque. Comme on connaissait les relations de M. Caillard avec le prélat, on pensa bien que c'était lui qui l'avait fait sortir de la Salpétrière, et on ne douta pas qu'il ne l'eût caché chez lui. Mais M. Caillard était généralement aimé des internes de l'Hôtel-Dieu, dont deux vinrent successivement sans s'être entendus le trouver et lui dire avec une franchise qui ne pouvait laisser de motif à aucun soupçon :

« On veut faire une visite domiciliaire chez vous; si M. l'archevêque y est, confiez-le-moi; je le cacherai dans ma chambre, et on me passera sur le corps avant de lui faire du mal.

— La proposition que vous me faites, leur répondit à tous deux M. Caillard, m'autorise à vous parler avec confiance : J'ai en effet caché Monseigneur, mais ce n'est pas chez moi. Soyez donc sans inquiétude ; si on vient faire ici une visite domiciliaire, on ne l'y trouvera pas. »

M. Caillard ayant annoncé hautement qu'il n'avait rien à craindre d'une visite chez lui, ce projet fut abandonné.

M. l'archevêque resta trois jours chez M. Serres, traité par lui avec tous les égards dus à son caractère, à sa dignité, à sa cruelle position. M. Lisfranc, dont les opinions libérales n'étaient pas moins connues, et qui dès-lors était peu suspect, partagea tous les soins généreux de M. Serres pour le prélat. Ce fut à la Pitié que M. l'archevêque apprit par les journaux qu'on l'accusait, ainsi que les chanoines, d'avoir fait tirer sur le peuple, et qu'on avait dévasté l'archevêché.

Peu après son départ de Conflans, une troupe venant d'Alfort, et commandée par des élèves de l'École vétérinaire, s'y était présentée, annonçant qu'elle venait se saisir de l'archevêque pour le conduire à Vincennes, et se faire rendre la place, en menaçant de le fusiller si on ne leur en ouvrait pas les portes. Ne trouvant pas le prélat, ils burent le vin de la cave, forcèrent des armoires et des bureaux, emportèrent un télescope et un portefeuille dans lequel étaient des lettres, des papiers qui furent lus en public à l'Hôtel-de-Ville, et dont on ne put obtenir la restitution, et laissèrent la maison dans le plus grand désordre. Après le départ de cette troupe, le maire de Conflans voulant pourvoir du moins à la conservation du mobilier, fit apposer les scellés, qui furent levés trois semaines après, à la réquisition d'un mandataire de Monseigneur, et en présence d'un délégué de la commission municipale.

Bientôt cependant on apprit que le séjour de M. l'archevêque était connu, et l'on résolut de le faire passer chez les religieuses de l'hospice en perçant une cloison qui sépare leur demeure de celle de M. Serres. Cette opération fut faite la nuit, très secrètement; le trou rebouché et masqué par une armoire.

Ces bonnes religieuses cachèrent M. l'archevêque et M. l'abbé Desjardins dans un souter-
rain étroit, humide et froid, avec une cruche
d'eau et une bouteille de vin ; ils y passèrent
une très mauvaise nuit. Mais ce nouvel asile
était trop rapproché du premier pour inspi-
rer de la sécurité : il n'était bon que pour
donner le temps d'en chercher un autre.
Le 31, M. Caillard, pensant qu'on n'avait
plus de soupçons contre lui, résolut d'emmener M. l'archevêque à l'Hôtel-Dieu, et le
soir, en attendant le moment de le faire éva-
der, il se mit à se promener avec M. Serres
sur la place de la Pitié, à la vue du faction-
naire, pour ne pas donner d'ombrage au
poste. Tout-à-coup ils virent arriver M. Geoffroy Saint-Hilaire, seul, parlant et gesticu-
lant avec feu. Ils le connaissaient beaucoup
l'un et l'autre, M. Serres était même intime-
ment lié avec lui.

« Qu'avez-vous donc, monsieur Geoffroy ?
lui dirent-ils ; vous paraissez furieux !

— Oui, je suis furieux. Croiriez-vous que
je viens d'entendre des gens qui disaient tranquillement : « On prétend que l'archevêque est
caché dans Paris ; mais on a tort de le rece-

voir chez soi : c'est une tête qu'il faut rouler
au peuple pour empêcher qu'il n'en demande
d'autres ? » Peut-on entendre cela de sang-
froid ? Eh bien ! moi, je ne suis pas dévot,
je ne connais pas l'archevêque ; mais je le cacherais chez moi s'il se présentait : oui, je le
cacherais.

— J'ai votre affaire, dit alors M. Caillard
en le prenant par le bras ; l'archevêque a
passé deux jours chez M. Serres, mais il n'y
est plus en sûreté ; voyez, réfléchissez, voulez-vous le prendre chez vous ?

— Je ne m'en dédis pas. »

Aussitôt M. Caillard et M. Serres firent sortir M. l'archevêque de la Pitié par une porte
de derrière : M. Geoffroy, en sa qualité de
professeur au Jardin-du-Roi, fit ouvrir la
porte de la grille qui fait le coin de la rue de
Buffon, et ils entrèrent par là ; ils traversèrent
ainsi le jardin au clair de la lune, et arrivèrent chez M. Geoffroy par le jardin particulier
de sa maison et par une petite porte. Cette
fois, on laissa M. l'abbé Desjardins chez les
religieuses de la Pitié, où il ne courait aucun
danger, et le lendemain on le conduisit au
couvent des dames de Saint-Michel, rue

Saint-Jacques, dont il était supérieur. Dès qu'on fut entré chez M. Geoffroy, M. Caillard lui dit :

« Maintenant, il s'agit d'empêcher qu'on ne sache que l'archevêque est chez vous. Combien avez-vous de domestiques ? »

— Quatre...

— En êtes-vous sûr ?

— Ma foi, je n'en sais rien.

— Tâchez seulement de tenir la chose secrète un jour ou deux ; pendant ce temps-là, je chercherai un autre asile pour Monseigneur. Dites que c'est un ami malade qui vient à Paris pour se faire soigner, et qu'il est forcé de garder la chambre.

— Mais ma femme ne sait rien ; il faut que j'aille la chercher ; je crois qu'elle ne connaît pas M. l'archevêque. »

Et il l'amena sans la prévenir. Mais dès que madame Geoffroy fut entrée, elle demeura immobile, et s'écria en joignant les mains :

« Ah ! mon Dieu ! Monseigneur l'archevêque de Paris ! »

Elle resta quelque temps sans rien ajouter;

puis, avec cette bonté généreuse qui est surtout l'apanage des femmes chrétiennes, elle dit vivement :

« Je comprends ce que c'est : c'est moi qui servirai Monseigneur ; j'entrerai seule dans sa chambre, et je réponds du secret. »

M. de Quélen resta près de quinze jours dans cette maison, où il fut comblé des soins les plus délicats et les plus respectueux ; il passait ses soirées à faire de la charpie pour les blessés, avec la famille Geoffroy. Il voulut ensuite aller rejoindre son vieil ami, M. l'abbé Desjardins, au couvent des Dames de Saint-Michel.

Pendant que Monseigneur était chez M. Geoffroy, M. Caillard, toujours inquiet pour l'archevêque et pour ses hôtes, que le hasard pouvait mettre à la merci d'une populace égarée, cherchait les moyens de parer à ce danger, lorsque, le 3 août, madame la duchesse d'Orléans vint à l'Hôtel-Dieu visiter les blessés de juillet. Pendant que Son Altesse royale parcourait les salles, M. Caillard prit la liberté de lui glisser un petit billet sur lequel il avait écrit : « Madame la duchesse d'Or-
« léans est suppliée d'accorder une sauvegarde

« à M. l'archevêque de Paris , dont les jours
« sont en danger. »

La princesse lut, regarda M. Caillard, et lui
fit signe de ne rien dire. Préoccupée d'un avis
dont le laconisme l'inquiétait, avant de partir,
elle lui fit demander l'adresse de M. l'archevêque par M. de Barbé-Marbois qui l'accompagnait. M. Caillard , ne se croyant pas autorisé à nommer M. Geoffroy Saint-Hilaire, donna
l'adresse de M. Serres ; puis se rendit au Jardin des Plantes pour raconter ce qu'il venait
de faire. Pendant ce temps , la duchesse d'Orléans faisait prévenir M. Girod de l'Ain, préfet de police; celui-ci envoya aussitôt prier
M. Caillard de se rendre dans son cabinet.
Arrivé chez M. Girod de l'Ain , M. Caillard ne
crut pas devoir d'abord désigner le véritable
asile qui avait reçu M. l'archevêque sans avoir
consulté les personnes qui le lui avaient offert;
mais, M. le préfet de police insista avec tant
de force sur les instructions qu'il avait, fit valoir si énergiquement le danger qui pouvait
naître d'un moment de retard et se montra
animé de si bonnes dispositions, que, se confiant dans sa loyauté, M. Caillard nomma enfin
M. Geoffroy Saint-Hilaire. — Aussitôt des or-

dres furent donnés pour changer les postes
qui avoisinaient le Jardin des plantes, y mettre
des gens sûrs, et prendre toutes les mesures
propres à répondre de la vie du premier pasteur du diocèse.

~~~~~~

CHAPITRE VII.

Visite de M. l'archevêque à la duchesse d'Orléans, puis à Louis-Philippe. — Il charge M. Caillard d'aller à Rome consulter sur le serment à prêter au nouveau gouvernement. — Entretien de M. Caillard avec le Saint-Père. — Pie VIII reconnaît le gouvernement de juillet. — Générosité de M. de Quélen. — Injustice du Conseil général de la Seine et de M. Odilon Barrot. — Admirable résignation du prélat. — Il reparaît à Notre-Dame. — Réflexion sur la cause de ses persécutions.

1830 — 1831.

Pendant son séjour chez M. Geoffroy Saint-Hilaire, M. l'archevêque de Paris crut ne pouvoir se dispenser d'aller remercier madame la duchesse d'Orléans de la sollicitude avec laquelle elle avait pourvu à sa sûreté. Il lui fit demander une audience, qui lui fut aussitôt accordée. On était alors après le 9 août, et un acte récent venait d'appeler M. le duc d'Orléans au trône.

Outre le péril évident auquel s'exposait M. de Quélen en sortant de sa retraite, cette démarche, dans l'état où se trouvait alors le clergé, était fort embarrassante pour lui. En butte aux soupçons et aux outrages, les prêtres étaient obligés de se cacher : on parlait de les **contra**indre à prêter le serment nouvellement prescrit, et l'on se demandait avec inquiétude quelle conduite allait tenir le corps épiscopal dans une conjoncture si difficile, quand déjà des dissidences s'étaient manifestées au sujet des prières pour le souverain.

Si parfaitement déguisé qu'il était impossible de le reconnaître, M. l'archevêque traversa, le soir, à dix heures, accompagné de M. Caillard, les rues les plus populeuses de Paris, dans une voiture que conduisait la personne à laquelle elle appartenait, entendant les crieurs publics répéter autour de lui l'annonce des libelles infâmes qu'on les autorisait à vendre, et où son nom se trouvait indignement mêlé ; il arriva sans obstacle au Palais-

Royal. Des instructions précises avaient été données à des personnes de confiance pour l'introduire secrètement. L'entrevue fut touchante. La princesse, dont on connaît la haute piété, vivement émue à la vue du prélat, dont le costume répondait si peu à ses habitudes toutes sacerdotales et à la dignité de son caractère, le supplia de ne pas abandonner son diocèse, sa présence, ajouta-t-elle, étant plus que jamais essentielle à la religion, et le roi étant dans l'intention de le protéger de tout son pouvoir. Après l'avoir remerciée des soins qu'elle avait bien voulu prendre pour sa sûreté, M. l'archevêque lui donna l'assurance que jamais il n'avait songé à abandonner son poste, quelque périlleux qu'il eût été, et que jamais il ne l'abandonnerait. Louis-Philippe désirant le voir et n'étant pas libre en ce moment, un nouveau rendez-vous fut convenu à quelques jours de là.

M. l'archevêque s'y rendit sous le même déguisement, et eut avec le nouveau roi des Français une conversation de plus d'une heure, qui a été fidèlement, et nous pouvons dire mot à mot conservée, mais sur laquelle nous devons encore garder le silence. Qu'il nous suffise de dire que les questions qui faisaient naître alors parmi le clergé les plus vives inquiétudes y furent discutées, et que ce fut sur l'invitation de Louis-Philippe que le prélat résolut d'envoyer quelqu'un à Rome pour consulter le souverain pontife. Dès le lendemain, ce projet, soumis à une réunion d'évêques qui se trouvaient à Paris, obtint leur approbation, et comme le départ d'un ecclésiastique dans un moment où le clergé était l'objet de tant de préventions n'aurait pas été sans inconvénient, le prélat, qui, le soir même de sa seconde visite au Palais-Royal, avait fait choix de M. Caillard son médecin, et lui avait dit son intention, triompha de sa résistance; et cet ami dévoué de M. l'archevêque partit en poste pour Rome, porteur d'une lettre du roi, d'une de la reine et d'une du prélat pour le Saint-Père.

Ne pourrait-on pas sans injustice regarder les ennemis du clergé comme bien implacables, s'ils n'étaient pas désarmés en apprenant que c'est à un membre de ce même clergé, à celui qui a été calomnié de la manière la plus injuste et la plus atroce, qu'est dû l'honneur d'avoir proposé les seuls moyens convenables

6

pour fixer les incertitudes dont les suites pouvaient être si funestes ?

Le surlendemain de son arrivée à Rome, M. Caillard fut admis à l'audience de Pie VIII, qui le reçut avec bonté dans un appartement d'une simplicité toute monastique, le fit asseoir à côté de lui, lut les lettres dont il était porteur, et parut surpris que M. l'archevêque le consultât sur le serment qu'il venait, disait-il, de prêter comme pair de France. Il fut facile à l'envoyé du prélat de convaincre le Saint-Père qu'il avait des renseignements plus positifs que ceux des journaux, qui avaient faussement donné cette nouvelle, et de dissiper quelques préventions qu'on avait fait naître dans son esprit.

A la suite d'un entretien entre Pie VIII et M. Caillard, que l'espace ne nous permet pas de reproduire ici, (1) celui-ci comprit la nécessité de rédiger, pour le Saint-Père un mémoire pour lui bien expliquer le but de sa

(1) Voir cette conversation curieuse dans la grande *Vie de Mgr. de Quélen*, tome II, p. 39 et suiv.

mission et l'état des partis en France. Il le dicta pendant la nuit à un de ses élèves en médecine qui l'avait accompagné, le fit remettre le lendemain au souverain pontife, et se rendit à Naples pendant qu'on l'examinait et qu'on prenait un parti sur sa demande. (1)

A son retour il apprit que le Saint-Père, le croyant parti, avait remis à M. Anatole de Montesquiou, qui passait à Rome, la dépêche par laquelle il reconnaissait Louis-Philippe, mais qu'il le recevrait le lendemain. — Laissons M. Caillard raconter cette entrevue.

« Je fus introduit une seconde fois dans le cabinet de Sa Sainteté. Dès la porte, cet excellent pontife fit un signe à mon introducteur, pour me dispenser de tout le cérémonial usité ; et me tendant les bras avec la plus franche aménité, il s'écria :

— « Eh ! arrivez donc, monsieur le docteur ; voilà bien les Français ! Vite, et vite ! Et puis monsieur s'en va courir je ne sais où : je les aime, les Français, je les aime de tout mon cœur.

(1) Ce mémoire est inséré en entier à la fin du tome II de la grande *Vie de Mgr. de Quélen.*

— « Après m'avoir fait asseoir, il me dit : —
Je vous ai fait chercher partout, pour vous
remettre la reconnaissance de votre roi ; ne
vous ayant pas trouvé et vous croyant re-
parti, je l'ai fait remettre à une personne
qui revenait de Naples et s'en retournait en
France. Je vous donne, à vous, un bref par
lequel j'acquiesce entièrement aux demandes
que vous m'avez présentées. (1) Les temps
sont bien malheureux pour la religion, bien
malheureux, monsieur le docteur. Cependant
je suis tout-à-fait de votre avis, il ne faut pas

(1) Ce bref, inséré dans le tome II de la
grande *Vie de Mgr. de Quélen*, autorise le serment et les prières pour Louis-Philippe. Sa date
est du 29 septembre 1830.

Après toutes les calomnies qui ont été répandues contre M. de Quélen, après tout ce qu'on a
dit de sa haine contre le gouvernement de juillet,
il est curieux d'apprendre que ce fut sur sa demande que Pie VIII rendit ce bref et reconnût
le nouveau roi. Alors, comme toujours, Mgr. l'archevêque agissait dans l'intérêt de ses diocésains
et dans celui de l'Eglise de France, qui aurait pu
souffrir violemment d'une opposition de la part
de Rome et du clergé contre le gouvernement.

briser le roseau penché; et, comme vous encore, je pense que l'on ne réussira à améliorer l'état actuel des choses que par les seuls moyens de douceur et de persuasion : aussi j'en suis tellement convaincu que je promets d'avance, et vous pouvez le dire, qu'à moins qu'on ne vienne à attaquer la religion, tout le temps qu'il plaira à Dieu de prolonger mon pontificat, on ne me verra émaner d'ici que des mesures de douceur et de bienveillance.

— « Je témoignai alors à Sa Sainteté toute ma reconnaissance, et la joie que j'éprouvais de la voir dans d'aussi favorables dispositions. Elle me répondit :

— « J'ai quelques communications importantes à vous confier. En vous en chargeant, je n'exige pas votre parole de ne les pas divulguer; je les livre à votre discrétion, à votre prudence. »

On pense bien que tout ce que ce digne pontife lui confia concourait au bien et à la tranquillité de la France; on en pourra juger par une de ces communications, que M. l'archevêque et lui n'ont pas jugé devoir rester secrète, l'estimant très honorable à la mémoire du pontife. Pie VIII chargea M. Cail-

lard d'engager M. l'archevêque de Paris à prêter le serment comme pair de France, s'il lui
était demandé; mais en même temps il l'engageait, et il eut bien soin de répéter que
c'était un conseil et non pas un ordre, il
l'engageait à donner immédiatement après sa
démission de la pairie, par ce motif que,
dans l'état des choses, sa pairie ne pouvait
être d'aucune utilité ni pour lui ni pour la
religion, opinion qu'il appuya sur le raison-
nement suivant : — Si l'archevêque conserve
sa pairie, il ne pourra se tenir à l'écart ni
s'absenter sans manquer à son devoir; s'il se
présente à la Chambre et qu'on vienne à discuter des lois contraires à l'esprit de la religion, comme le serait, par exemple, une loi
sur le divorce, il sera obligé de s'y opposer,
et, n'étant pas soutenu, non seulement il atti-
rera de nouvelles persécutions sur sa personne, mais encore, par l'irritation qui en
résultera, il pourra faire tomber de grands
maux sur la religion. *Mon opinion, dites-le bien
hautement, est que le clergé ne doit en rien se
mêler de politique...* Lorsque le troupeau est
frappé par la tempête, le pasteur doit rester
au bercail; s'il est persécuté lui-même, qu'il

se cache, afin de reparaître au moment favorable.

Frappé des motifs que faisait valoir le souverain pontife, mais ne voulant pas exposer le prélat à des sollicitations d'autant plus embarrassantes que le chef de l'Église n'avait voulu donner qu'un simple conseil, M. Caillard revint à Paris à petites journées afin de laisser écouler le terme prescrit pour la déchéance de la pairie, et délivrer M. l'archevêque de la fausse position où il se serait peut-être trouvé, ce qui explique comment, malgré les conseils du pape, M. de Quélen ne prêta point le serment et fut dès-lors réputé démissionnaire de la pairie.

Pendant qu'il faisait ainsi demander à Rome un conseil dont il sentait le besoin au milieu des circonstances difficiles où il se trouvait, l'archevêque de Paris, proscrit au milieu de ses ouailles, obligé de se cacher pour échapper à la fureur de ses propres diocésains qui méconnaissaient et son dévouement et son affection pour eux, n'oubliait pas, dans son humble retraite, ceux mêmes qui lui avaient fait le plus de mal. Ruiné dans sa fortune, ruiné dans celle de son diocèse, dès qu'il put disposer d'une somme d'argent, il l'envoya aux sœurs de charité du quartier Notre-Dame, en les chargeant de la distribuer aux malheureux, et de préférence à ceux qui auraient pris part au désastre de l'archevêché. Noble et sainte vengeance, qui eût dû seule désarmer la haine qui le poursuivait, si la calomnie n'avait continué d'aigrir contre lui les esprits.

Diverses commissions avaient été formées par les vainqueurs des trois jours; l'une, chargée de distribuer des récompenses à ceux qu'on appelait les héros de juillet, avait, qui le croirait si des documents irrécusables ne l'attestaient! établi ses bureaux à l'archevêché, comme si les récompenses accordées aux dévastateurs de la demeure épiscopale devaient avoir un nouveau prix reçues sur le théâtre de leurs exploits; l'autre, nommée pour fixer les indemnités dues aux victimes des trois journées, tenait ses séances à l'Hôtel-de-Ville.

S'il était à Paris quelqu'un qui eût droit à une indemnité, c'était, sans contredit, M. l'archevêque, et si l'indemnité devait être proportionnée aux pertes éprouvées, la

sienne devait, sans nul doute, être la plus
considérable. On le comprit, et, pour se
soustraire à l'obligation de réparer un grand
désastre, on commit une monstrueuse injustice. — Un état des pertes faites par le prélat
et par les personnes de sa maison fut soumis
à cette commission ; mais, pendant qu'elle
délibérait, un odieux placard était affiché sur
les murs de Paris et crié dans les rues :

« Peuple, y disait-on, la commission char-
« gée de réparer les désastres causés dans les
« journées de juillet accorde une indemnité
« de 200,000 francs à l'archevêque de Paris.
« Le pauvre homme ! c'est sans doute pour le
« dédommager de la perte des poignards et
« des barils de poudre trouvés dans son pa-
« lais. »

Si les expressions manquent pour flétrir
d'aussi abominables calomnies, elles ne manquent pas moins pour qualifier la décision de
la commission des indemnités. L'autorité crut
devoir répondre à cette infâme publication,
et un avis de M. le préfet de la Seine, inséré
dans les journaux, apprit aux lecteurs étonnés
« qu'il était faux que la commission des dom-
« mages eût rien accordé à M. de Quélen pour

« indemnité, et qu'il était non moins faux
« que des poignards et des barils de poudre
« eussent été trouvés à l'archevêché. »

Là ne se borna pas l'injustice du pouvoir
nouveau né des barricades et de l'émeute.

Le conseil général de la Seine avait alloué,
dans son budget de 1838, une somme de
20,000 fr., à M. l'archevêque. Les deux premiers trimestres en avaient été exactement
payés; mais quand, en octobre, vint l'échéance
du troisième, M. Odilon Barrot refusa d'en
délivrer le mandat, alléguant, par une amère
et cruelle dérision, que le prélat n'avait pas
résidé, fait de la plus insigne fausseté, il n'a-
vait pas quitté un seul instant son diocèse, et
qui, eût-il été vrai, n'aurait pu être invoqué
comme une fin de non-recevoir contre une
des plus nobles et des plus malheureuses victimes de la fureur populaire. (1)

Les épreuves dont la Providence affligeait
le premier pasteur de la capitale étaient aussi

(1) Nommé à la préfecture de la Seine, M. de
Bondy s'empressa de décliner la responsabilité
d'une pareille mesure, et fit délivrer à M. l'archevêque le mandat auquel il avait droit.

nombreuses que pénibles ; sa patience et sa résignation les lui firent supporter en vrai chrétien, en véritable évêque. Le 23 août 1830, il répondait à une personne qui lui avait écrit, sans être connue de lui, une lettre qui mérite d'être conservée, car son cœur s'y dévoile tout entier :

«..... Vous êtes affligée des calomnies de tous les genres que l'on a débitées contre moi, à l'occasion de la dévastation du palais archiépiscopal. Vous désirez que je les fasse démentir par la voie des journaux. Que Dieu vous récompense de vos bons sentiments pour la religion et pour moi ! Je vous en remercie de tout mon cœur.

« Il est plus facile d'arracher la vie à un évêque que de lui ravir son honneur, de le dépouiller de ses biens que de lui ôter l'estime des âmes honnêtes. Je suis persuadé que ceux qui ont eu le malheur de m'injurier si gratuitement ne croient pas eux-mêmes un seul mot des accusations qu'ils ont répandues avec profusion dans les rues de la capitale, et qu'ils ont affichées sur les murs, comme pour provoquer au désordre et au crime. Mes bien-aimés et fidèles diocésains les ont repous-

sées avec une horreur et une indignation
que n'exclut pas la charité évangélique.
Quant à moi, je suis depuis long-temps ac-
coutumé à remettre ma cause à la volonté de
Dieu; jusqu'ici je m'en suis bien trouvé. S'il
daigne me justifier d'une manière éclatante,
pour la gloire de son nom et pour l'honneur
du sacerdoce, je lui demande de ne jamais
me venger; car *je pardonne du fond du cœur à
tous ceux qui se sont faits mes ennemis, sans que
je leur en aie donné ni sujet, ni prétexte.* Au
reste, le serviteur n'est pas plus grand que le
maître. Si Notre-Seigneur a été persécuté,
pourquoi ne le serais-je pas? Il a été appelé
*ivrogne, homme de bonne chère, pécheur, com-
mensal de pécheurs, séditieux, perturbateur
du repos public, possédé du démon, blasphéma-
teur;* il a été traité comme *un criminel,* comme
un voleur et un scélérat. De quoi me plaindrais-
je ? Il se taisait au milieu de ses accusateurs,
qu'il pouvait confondre en un instant. Pourquoi chercherais-je à me défendre? Le témoin de mon innocence est dans les cieux;
le témoignage de ma conscience couvre la
voix de ceux qui se déchaînent contre moi.
D'ailleurs, on m'a loué si souvent des perfec-

tions que je n'ai point, qu'il faut bien expier,
par l'humiliation de quelques calomnies, la
gloire que je n'ai pas méritée....»

Le calme paraissait devoir renaître ; les
infâmes pamphlets criés et vendus pendant
plusieurs mois sur la voie publique en avaient
à peu près disparu : les magasins des marchands de gravures n'étaient plus souillés
par les ignobles caricatures qui avaient trop
long-temps attiré la foule. M. l'archevêque,
qui, depuis le 11 juillet, n'avait plus paru en
public, qui n'avait pas même cru prudent
d'officier à la métropole le jour de Noel, vint
y célébrer la messe, le 11 janvier, dernier
jour de la neuvaine de sainte Geneviève, et y
reçut des fidèles nombreux qui remplissaient
la vaste nef, et dont un grand nombre com-
munia de sa main, les témoignages les plus
touchants d'intérêt et d'affection. — Le dimanche 16, il se rendit au Palais-Royal avec
ses deux grands-vicaires, et eut une longue
audience de Louis-Philippe, auquel il parla
fort peu de lui-même, beaucoup de l'état et
des besoins du diocèse. Aussitôt après, et en
conséquence de ce dont il était convenu dans
cette audience, il s'occupa de faire à l'arche-

7

vêché, dont la démolition ne devait plus avoir
lieu, les réparations les plus urgentes pour
en rendre quelques pièces habitables, (1) in-
dépendamment du secrétariat rouvert dès le
commencement de novembre, et dans lequel
on avait classé le peu de papiers et de registres échappés au pillage. Il tenait son conseil
depuis quelques semaines, et il y avait pris
possession de son cabinet, mais il n'y couchait
point encore, quand une nouvelle dévastation
vint compléter l'œuvre inachevée des trois
jours.

Obligé de rappeler les tristes souvenirs
d'une époque à jamais déplorable, et de montrer jusqu'à quel degré furent portées la haine,
la vengeance et la fureur aveugle d'un peuple
en délire, nous ne pouvons résister au désir
de placer en regard de ce douloureux tableau
quelques-uns des traits principaux de cette
vie si calomniée et si méconnue.

Nous croyons avoir répondu à une des ac-

(1) Après la nouvelle dévastation du palais
archiépiscopal, ces dépenses furent laissées à la
charge de M. de Quélen, qui fut obligé d'en
acquitter le montant.

cusations les plus mensongères et les plus graves, à celle qui représentait M. l'archevêque comme le fauteur des ordonnances de juillet. Nous le demandons maintenant, quelle fut donc la cause du déchaînement auquel nous voyons exposé un homme également distingué par son esprit aimable, par son caractère bienveillant, par ses inclinations généreuses, un prélat qui se tenait en dehors de la politique, de la bouche duquel ne sortit jamais rien d'amer, ni contre les partis ni contre les personnes, qui se montrait toujours disposé à encourager les bonnes œuvres, à soulager les infortunes ; et qui, pendant les rigueurs excessives de l'hiver précédent, avait contribué par son influence et ses généreux sacrifices à alléger le sort des pauvres ? Que lui reprochait-on ? Serait-ce par hasard sa piété, son zèle pour les fonctions de son ministère, son empressement à rendre hommage à la religion dans des occasions solennelles et dans des cérémonies publiques ? sa part active à des actes éclatants de piété ? Mais tout ici n'est-il pas digne d'un pontife selon le cœur de Dieu ?

Il avait rétabli dans son diocèse la fête du

Sacré-Cœur, rouvert l'église Sainte-Geneviève depuis si long-temps silencieuse et abandonnée, établi dans plusieurs églises de la capitale des instructions et des exercices auxquels il présidait souvent lui-même, adressé aux fidèles de pieuses exhortations, présidé sur une place publique, à une cérémonie expiatoire qu'il avait espéré devoir être l'occasion d'un pardon généreux, ordonné les processions solennelles du jubilé, paru dans nos rues avec autant de piété que de dignité, fait plusieurs années, pendant le carême, des instructions suivies qui attiraient un grand concours, rendu enfin un éclatant hommage à un saint auquel la France et Paris doivent tant de reconnaissance, restitué ses reliques à la vénération des fidèles, et décerné à ses restes un triomphe magnifique. Voilà des torts que l'impiété ne put pardonner : ces témoignages publics de foi et de religion blessèrent des yeux jaloux; pour expier tant de griefs il ne fallait rien moins qu'un grand désastre suivi d'une longue suite d'outrages et de calomnies.

~~~~~~

CHAPITRE VIII.

Service pour le duc de Berry à Saint-Germain-l'Auxerrois. — Première scène de pillage à l'archevêché. — Dévastation de l'église. — Sac complet de l'archevêché. — Pillage de la maison de Conflans. — Mandat d'amener décerné contre l'archevêque. — Justification complète du prélat par M. Baude, préfet de police.

1831.

Le triste et douloureux anniversaire du 14 février ayant vu, chaque année depuis onze ans, au pied des autels une foule de serviteurs et de chrétiens fidèles priant pour le prince si cruellement ravi à leur amour, quelques personnes prièrent M. le curé de Saint-Roch de vouloir bien célébrer dans son église un service pour M. le duc de Berry. Celui-ci s'en

étant entendu avec M. Barthe, alors ministre
des cultes, qui déclara ne point s'opposer à
un acte de religion *aussi respectable*, mais qui
demanda seulement qu'il eut lieu dès le matin,
on convint d'une heure effectivement très
matinale. Instruit cependant de ce qui se passait, et craignant qu'on ne saisît cette occasion
pour commettre de nouveaux désordres,
M. l'archevêque défendit à M. le curé de
Saint-Roch d'accéder à une demande si loua-
ble du reste, et des affiches placées dans l'é-
glise le dimanche soir 13 annoncèrent que le
service n'aurait pas lieu.

Cependant les préparatifs faits publiquement à Saint-Roch et les avis donnés par les
journaux sur l'heure et l'objet du service
portèrent quelques pieux paroissiens de Saint-
Germain-l'Auxerrois à prier leur curé, vieillard vénérable et inoffensif, de célébrer aussi
un service dans son église : ils lui parlèrent
des dispositions qui se faisaient ailleurs, lui
rappelèrent que la paroisse Saint-Germain-
l'Auxerrois était celle du prince et de son
auguste famille, firent entrevoir le mauvais
effet que produirait, sous plusieurs rapports,
un refus inexplicable quand le gouvernement

ne s'opposait pas à cet acte de piété, et obtinrent qu'on ferait un service, mais *de troisième classe*, c'est-à-dire fort modeste, sans ostentation et sans éclat. Les choses en restèrent là jusqu'au moment de la cérémonie, sans bruit, sans jactance, parce qu'il ne s'agissait réellement que d'une cérémonie ordinaire et quotidienne pour le clergé de l'ancienne paroisse royale. Rien, au reste, ne fit naître dans l'esprit du sage curé la moindre inquiétude ; aucun signe de trouble ne fut donné, aucune observation ne lui fut adressée, aucun bruit sourd ne l'avertit du moindre danger ; l'autorité n'intervint en aucune manière, M. le ministre des cultes ne dit absolument rien à M. le curé de Saint-Germain-l'Auxerrois, et l'archevêque, désormais sans inquiétude après l'ordre qu'il avait donné à Saint-Roch, ignora complètement qu'une cérémonie analogue allait avoir lieu ailleurs, d'autant plus que le curé, autorisé en quelque sorte par l'exemple de l'église voisine, et ne connaissant pas le contre-ordre donné, n'eut pas l'idée de le consulter pour une chose aussi naturelle et aussi simple.

Le 14, le service fut célébré au milieu du plus grand calme, en présence des agents de

police qui le déclarèrent dàns l'instruction qui
suivit, et qui attestèrent que le catafalque ne
portait aucun insigne.

Tout était terminé, une partie des assistants s'était retirée, les voitures qui station-
naient sur la place avaient défilé ; M. le curé,
après avoir terminé son action de grâces, se
disposait à quitter la sacristie et à remonter
chez lui, lorsqu'on vint l'avertir qu'un in-
connu, un élève de Saint-Cyr, disait-on, avait
attaché au drap mortuaire qui recouvrait le
cénotaphe une lithographie représentant le
duc de Bordeaux, et que la foule se pressait
autour pour la voir. Frappé aussitôt de la
pensée que l'exhibition de cette lithographie
peut avoir les plus déplorables résultats, le
curé court sans hésiter au devant des malheurs dont il a le pressentiment, se précipite
vers le catafalque pour en arracher le signal de
discorde qu'on vient d'y attacher, ôte les épin-
gles qui le fixent au drap des morts, et parvient à le faire disparaître. Mais il était trop
tard.

Déjà un rassemblement tumultueux s'était
formé sur la place ; les bruits les plus ab-
surdes circulaient de bouche en bouche : on

disait que le catafalque était orné de fleurs
de lis, qu'on y avait mis un buste de Henri V,
que le curé l'avait couronné ; les esprits
s'échauffaient ; des menaces commençaient à
être proférés, le rassemblement et le tumulte
augmentaient ; des pierres étaient jetées dans
es fenêtres du presbytère, lorsque la garde
nationale, le maire du quatrième arrondissement et M. Baude, préfet de police, avertis
de ce qui se passait, se rendirent sur les
lieux, et trouvèrent une troupe d'hommes
exaspérés demandant la démolition de l'église.
Malheureusement M. Cadet-Gassicourt, maire
de l'arrondissement, ne sut pas résister à
leurs exigences ; d'après ses ordres, et sous
le faux prétexte qu'elle était ornée de fleurs
de lis, la croix en pierre qui surmontait la
façade principale de cette antique basilique
tomba aux applaudissements d'une foule de
misérables, et en présence de quelques com-
pagnies de la garde nationale. Était-ce bien à
un maire, au dépositaire de la force et du
pouvoir, à ordonner la destruction de la première croix, et à donner ainsi le signal des
plus abominables excès ? Aussitôt après la
chute de la croix, le curé quitta le presbytère,

7.

protégé par quelques gardes nationaux ; mais
livré par la perfidie d'une portière, il fut
conduit à la conciergerie, détenu pendant
dix-neuf jours, puis mis en liberté, quand
une instruction minutieuse eut bien prouvé
qu'aucune charge ne s'élevait contre lui.
— Les portes de l'Église ayant été fermées
dès que le tumulte commença, la foule continua à stationner sur la place jusqu'au soir :
elle se dissipa alors, mais en se donnant rendez-vous pour le lendemain.

Au moment où la croix de Saint-Germain-
l'Auxerrois était tombée, un homme de haute
taille qui paraissait diriger les agitateurs avait
crié à haute voix : *à l'archevêché*, et à ce cri,
répété comme un commandement, la foule
s'était ébranlée, et la troupe sous les armes,
ne s'opposant point à son passage, s'était
dirigée vers l'archevêché. Prévenu du mouvement qui s'opérait, le concierge du palais
archiépiscopal s'était rendu à l'Hôtel-de-Ville
pour demander qu'on en protégeât du moins
les ruines : il n'avait pu ni voir le préfet, ni
rien obtenir. Cependant, une centaine d'individus pénétrèrent dans la première cour
par la porte du suisse, proférant les plus

horribles menaces contre M. l'archevêque, qui fort heureusement n'avait pas tenu ce jour-là son conseil à l'archevêché. Étant parvenus à ouvrir la porte qui séparait la première cour de la seconde, ils se répandent dans les appartements dont presque toutes les portes avaient été brisées six mois auparavant, mettent en pièces quelques meubles en noyer fort simples qu'on y avait déposés, brisent ce qui avait échappé à la première dévastation, font voler en éclats les vitres à peine replacées, déchirent ou brûlent les livres de la bibliothèque réunis à grand'peine, lacèrent et dispersent les papiers du secrétariat, y volent une somme de 542 francs, la seule qu'ils y trouvent, dévastent la salle du conseil diocésain qui était aussi celle des séances de la commission des récompenses nationales, et se disposent à continuer le pillage, quand le maire du deuxième arrondissement, accompagné de quatre cents gardes nationaux, parvient enfin à faire évacuer les appartements et à recueillir quelques débris et quelques pièces d'argenterie, qui furent volées le lendemain dans la pièce où on les avait déposées. Il avait commencé à dresser un procès-verbal ; mais le maire du neuvième arrondissement, dans la circonscription duquel se trouvait l'archevêché étant arrivé, il se retira, et cent gardes nationaux de la neuvième légion furent chargés pendant la nuit de la garde du palais dévasté : on barricada les portes de la sacristie. M. Odilon-Barrot, préfet de la Seine, vint vers huit heures et demie visiter les lieux, mais ne donna aucun ordre.

L'autorité était avertie des intentions des factieux pour le lendemain, lorsqu'ils se séparèrent sur la place Saint-Germain-l'Auxerrois ; quand ils furent expulsés de l'archevêché, ils s'étaient donné assez clairement rendez-vous pour qu'il fût facile de déjouer leurs projets par des mesures énergiques : la nuit tout entière était laissée au pouvoir pour aviser aux moyens à prendre : aucune mesure ne fut adoptée, aucun moyen ne fut pris ; l'émeute seule fut fidèle à son mandat.

En effet, le lendemain, dès six heures et demie du matin, les agitateurs, en arrivant sur la place de l'église absolument déserte, n'y trouvèrent pas un soldat, pas une sentinelle. Un homme se disant agent de police se

présenta au presbytère et somma le bedeau
de lui ouvrir les portes. Celui-ci obéit.

Aussitôt la foule se précipita en poussant
de grands cris, en blasphémant, et, comme
à un signal donné, tous les bras se lèvent
pour détruire et pour briser, tout est attaqué
à-la-fois : on dirait un seul esprit présidant à
cette scène de désordre. Le banc d'œuvre si
artistement travaillé est mis en pièces; les
stalles, les bancs, les confessionnaux, les
grilles en bois sont arrachés et renversés; les
livres, les candélabres, les statues, les ornements sont livrés au pillage; tous les vitraux
des chapelles sont brisés par des hommes du
peuple qui se promènent dans l'église revêtus d'habits sacerdotaux, qui dansent sur des
débris, qui s'emparent ensuite du presbytère,
et, en un instant, volent, brisent, détruisent
et jettent par les fenêtres tout ce qu'il renferme; effets, meubles, vêtements, argent,
tout disparaît en trois quarts d'heure. Enfin
la garde nationale du quartier fait cesser ce
double pillage; le général en chef vient ensuite, mais pas un magistrat de la cité ne
paraît. C'est donc à la garde nationale seule
qu'on dut la conservation du maître-autel,

du sanctuaire, de l'orgue et de quelques chapelles : ce furent aussi quelques gardes nationaux qui sauvèrent les saintes espèces. (1)

Là cependant ne s'arrêta pas la rage des dévastateurs, *parmi lesquels*, dit un garde national dans une relation publiée à cette époque, *il n'y avait pas que des ouvriers en veste, mais des habits et des chapeaux fins*. A Saint-Louis-en-l'île, à Saint-Gervais, à Saint-Paul-Saint Louis, à Sainte-Marguerite, à Saint-Laurent, à Bonne-Nouvelle, à Saint-Nicolas des Champs, à Saint-Méry, à Saint-Roch, à Saint-Nicolas du Chardonnet, les croix furent abattues ou des dégâts considérables commis, preuve évidente qu'il y avait un complot formé, et que le service de Saint-Germain-l'Auxerrois n'avait été qu'un

(1) M. Millet, capitaine de la quatrième légion, et les voltigeurs qu'il commandait déposèrent à la mairie de leur arrondissement six calices avec leurs patènes, trois necessaires avec ou sans calice, un ostensoir en vermeil, deux encensoirs en argent, une boîte de saintes huiles, et des sacs contenant diverses sommes : on leur en donna un reçu.

prétexte pour insulter, piller et profaner les
églises.

A peine la dévastation de Saint-Germain-
l'Auxerrois était-elle terminée, qu'à neuf
heures et demie le sac et la ruine de l'archevêché étaient déjà commencés. Le poste, dans
lequel il ne se trouvait pas alors quarante hommes, ayant été forcé, des milliers d'individus
se précipitèrent dans le palais, renversèrent
la grille du côté de la Seine, jetèrent les livres et les papiers, et quand tout eut disparu
dans les flots de la rivière ou dans un grand
feu promptement allumé, on commença la
démolition : « Figurez-vous, dit M. Schonen à
la tribune de la Chambre des députés, figurez-vous une fourmilière d'hommes de tout
âge, de toute condition, d'enfants même et de
femmes circulant dans les cours, les appartements, les jardins... Les gardes nationaux
étaient perdus dans cette foule... Dès la veille
on avait amoncelé dans les cheminées des mon-
tagnes de papiers pour mettre le feu aux bâti-
ments, ce que nous sommes parvenus à empêcher. *J'envoyais de quart d'heure en quart d'heure
chercher du renfort, qui n'arrivait pas.* Pendant
ce temps-là, les planchers, les plafonds, les

rampes d'escaliers cédaient, les toits, les
gros murs mêmes étaient attaqués, et, poursuivis par les décombres qu'on nous lançait
de toutes parts, nous fûmes obligés de nous
enfermer dans l'église... Le travail paraissait
distribué par ateliers ; on eût dit des ouvriers
payés à la tâche, et certes jamais salarié n'a
fait si vite et tant en si peu de temps. »

Les renforts instamment sollicités arrivèrent enfin; on fit évacuer le jardin et l'édifice;
mais il ne restait plus de l'archevêché que des
toits et des murs dégradés, des ouvertures sans
portes et sans fenêtres, des cloisons abattues,
des planchers et des plafonds démolis ; et cet
cet immense désastre avait eu lieu en cinq
heures, en plein jour, sous les yeux de la
garde nationale, dans le voisinage de la préfecture de la Seine, à deux pas de la préfecture de police ! Pendant cinq heures le feu ne
cessa pas de consumer, la Seine de charrier
de précieux débris. La foule, plus nombreuse
encore dans les rues pendant les jours qui
terminent le carnaval, s'arrêtait sur les quais,
indifférente, impassible ou odieusement mo-
queuse, pour voir passer d'un côté les flots
chargés des tristes preuves d'une fureur

aveugle, et de l'autre les auteurs de cette dévastation, ajoutant l'impiété d'une mascarade
sacrilége à l'impiété d'une sacrilége profanation.

La folie de destruction ne s'était pas arrêtée
à l'archevêché ; expulsé de son enceinte, le
peuple de ces cruelles journées, peuples des
bagnes ou de ce qui doit y entrer, selon l'expression même d'un député de la gauche,
mais dans les rangs duquel on voyait plusieurs
jeunes gens bien mis, pénétra par la sacristie
dans l'intérieur de la métropole ; il renversa
les chandeliers et la croix de l'autel, déchira
les livres usuels et un magnifique graduel en
vélin, précieux manuscrit exécuté avec beaucoup d'art, força les grilles de plusieurs chapelles, pilla les ornements, déroba les vases
sacrés, et occasionna à l'antique édifice des
pertes qui ne sont point encore entièrement
réparées. En même temps le maire de l'arrondissement faisait abattre la croix, qui, en se
brisant dans sa chute, entraîna une partie de
la balustrade régnant autour des combles, et
enfonça la toiture et les voûtes.

Forcé d'évacuer l'archevêché, les démolis-
seurs s'étaient dirigés sur Conflans au cri des

meneurs qui en avaient donné l'ordre à haute
voix; comme la veille, ils avaient dit : A *l'ar-*
chevêché! En vain, prévenu de l'approche des
séditieux, le maire de Charenton fit demander
un prompt secours : déjà le château était envahi ; on jetait par les fenêtres les meubles,
les lits, les glaces, les tableaux, etc., et ces
objets brisés, mis en pièces, venaient alimen-
ter de grands feux allumés dans la cour; la
chapelle, construite par M. de Juigné en 1789,
était profanée, dévastée, et ce n'était pas sans
peine qu'on préservait le cercueil de madame
Hocquart, tante de M. de Quélen, dont les
restes avaient déjà été exposés, au mois de
juillet précédent, à la fureur de l'émeute. Les
livres de la bibliothèque, la lingerie, les jardins, la serre, tout fut en proie à la dévastation. Un *monsieur* bien mis, armé d'une badine,
s'amusait à casser les cloches et les carreaux
des châssis. — De la maison du prélat on s'in-
troduisit dans le petit séminaire, dont le directeur, qui avait renvoyé les élèves, n'eut que
le temps de retirer le Saint-Sacrement, de
cacher les vases sacrés et de prendre la fuite.
Poursuivi par des ouvriers qu'il faisait travailler, il dut à l'intervention du maire d'é-

chapper à leur attaque; mais rien ne put pré-
server la maison et la chapelle, qui fut surtout
l'objet d'une dévastation impie de la part
d'ouvriers, (1) de pauvres même que M. l'archevêque et le séminaire employaient ou se-
couraient habituellement. Des gardes nationaux mêmes volèrent des livres. Cet affreux
pillage dura trois jours, pendant lesquels le
maire sollicita vainement à Paris un secours
de troupes, qu'il ne reçut que le vendredi 17.

En même temps que le peuple abusé se
porte à de tels excès contre tout ce qui appartient au vénérable archevêque, que fait le
pouvoir? chose à peine croyable! M. Baude,
préfet de police, décerne un mandat d'amener
contre M. de Quelen, contre un prélat qui
depuis plus de six mois ne peut plus se montrer, et dont on vient de ruiner de fond en
comble l'asile à peine restauré. Un commissaire de police reçoit l'ordre de s'emparer de
la personne de son archevêque, et se présente
accompagné de deux agents, le mardi 15, à

(1) Celui qui avait enlevé la croix de la chapelle tomba, quatre jours après, du haut d'un
bâtiment, et se tua.

trois heures et demie, au moment où se ter-
minait la ruine de l'archevêché, au couvent
des dames de Saint-Michel, rue Saint-Jacques,
demandant M. *de Quélen*, qui fort heureusement n'y était pas.

Après une visite minutieuse faite sans ménagement dans cette maison sainte, qu'un
commissaire de police, indigne de ses fonctions, profana par les propos les plus déplacés,
et pendant laquelle on arrêta les personnes
qui se présentèrent pour voir quelqu'un dans
le couvent, (1) on dut renoncer à de nouvelles
recherches. Le commissaire de police se retira
à cinq heures et demie, revint encore à neuf
heures du soir, attendit deux heures et partit
enfin sans avoir pu remplir sa mission.

(1) M. le curé de Gentilly, qui se rendait auprès
de M. l'abbé Desjardins, et un domestique, porteur d'une lettre pour madame la supérieure,
furent ainsi arrêtés. Un pair de France, M. de
Bastard, se présenta aussi demandant M. l'archevêque, et répondit aux questions des hommes
de la police *qu'il venait le prévenir du mandat
d'amener décerné contre lui, et lui dire de se sauver.* On n'osa pas l'arrêter.

Le lendemain, MM. les abbés Desjardins et Mathieu, vicaires-généraux, se rendirent à la préfecture de police, et là, après avoir prié M. Baude de leur faire connaître les motifs si graves qui avaient pu faire décerner un mandat d'amener contre leur archevêque, ils offrirent de se constituer prisonniers à sa place. Quel ne fut pas leur étonnement quand le magistrat préposé à la sûreté de la capitale leur répondit : *C'est moi seul qui suis coupable, j'ai déjà fait retirer le mandat d'amener que j'avais lancé par erreur ; vous pouvez vous en retourner tranquillement.*

Ces paroles étaient une justification dont, heureusement, le premier pasteur n'avait pas besoin auprès de ceux qui le connaissaient ; mais les préventions s'étaient accrues, les bruits calomnieux s'étaient accrédités, une grande, une solennelle réparation était nécessaire ; la Providence permit qu'elle ne manquât pas du moins à tant d'infortunes.

Dès le 17, sur une proposition de M. Delessert, des interpellations furent adressées dans la Chambre des députés au ministère relativement aux excès qui venaient d'affliger la capitale ; la discussion continua pendant

les séances des 18, 19 et 20. M. Barthe, ministre des cultes, déclara qu'il avait acquis la
preuve positive que M. l'archevêque, consulté
sur le service par M. le curé de Saint-Roch,
avait répondu qu'une telle cérémonie pouvait
avoir de fâcheux résultats, et n'avait point
eu connaissance de celle qui devait se célébrer à Saint-Germain-l'Auxerrois; le 19, la
parole ayant été accordé à M. le comte de
Quélen, frère de M. l'archevêque; cet honorable député des Côtes-du-Nord prononça,
au milieu du plus grand silence, un discours
dont voici quelques passages :

« ..... Un mandat d'amener a été décerné
contre M. l'archevêque de Paris; il a été no-
tifié (j'ose le dire) avec les formes les plus
acerbes et les plus menaçantes; une perqui-
sition de plusieurs agents de police est venue
troubler tout un monastère où l'on savait que
M. l'archevêque se retirait quelquefois auprès
d'un vieillard vénérable, son compagnon
d'infortune, M. l'abbé Desjardins.

« Les journaux ont annoncé l'émission de
ce mandat d'amener. Les rues de la capitale
en ont retenti; la renommée en répand au
loin la nouvelle; le public, peu instruit des

formes judiciaires et des termes de la prati-
que, n'a pas manqué, dans cette circonstance,
de confondre un mandat d'amener avec un
mandat d'arrêt : aussi le bruit d'une arresta-
tion a-t-il circulé et circule-t-il encore; il a
nécessairement fait planer sur l'archevêque
les plus graves soupçons. D'où vient ce mandat d'amener? qui l'a lancé? est-ce l'autorité
judiciaire ou l'autorité administrative? quelle
est la cause de ce mandat qui ensuite a été
retiré et annulé? C'est à la loyauté de notre
honorable collègue, M. le préfet de police,
que j'en appelle. Qu'il me soit permis de lui
demander une explication en faveur d'un
homme dont la destinée du moins inspire de
l'intérêt à des cœurs moins rapprochés de lui
que ne l'est celui d'un frère.

« J'invoque également la loyauté de notre
honorable collègue, pour qu'il veuille bien
dire quelle est la confiance que lui ont inspirée ses rapports avec M. l'archevêque de
Paris; s'il a trouvé en lui de la droiture et
de la franchise; si, dans toutes ses démarches,
M. l'archevêque n'a pas désiré fixer l'attention
du gouvernement et de l'administration; s'il

n'a pas même souvent recherché sa direction et ses conseils. »

A une interpellation aussi directe, mais faite avec tant de mesure et de discrétion, M. le préfet de police ne pouvait se dispenser de répondre avec franchise : il monta immédiatement à la tribune. Son discours montra avec quelle légèreté il se conduisit dans une circonstance où il ne s'agissait pas seulement de la liberté et de l'honneur non d'un simple citoyen, mais du premier pasteur de la première ville du royaume. Il prouva qu'il ne savait pas même de quelle manière peu convenable ses ordres avaient été remplis ; il témoigna aussi du changement qui s'était opéré dans son esprit, et devint une nouvelle preuve que, pour être apprécié comme il le méritait, l'archevêque de Paris n'avait besoin que d'être bien connu. Voici la fin de la réponse de M. Baude.

« .... Je le déclare, de nombreuses calomnies ont pesé sur la tête de M. l'archevêque de Paris.

« De nouveaux renseignements, un nouvel examen, m'ont paru démontrer de la manière la plus claire que le service de Saint-

Germain-l'Auxerrois a été fait à l'insu de
M. l'archevêque de paris : dès-lors, les motifs qui avaient déterminé le mandat d'amener ayant cessé d'exister, j'ai dû le retirer.

« Je le déclare encore : M. l'archevêque de
Paris est toujours resté avec soin étranger à
la politique ; il s'est constamment renfermé
dans les devoirs et les vertus de son état. »

Cette déclaration si formelle et si loyale fit
sur les membres de la Chambre une vive impression ; cependant M. Baude comprit que
M. l'archevêque avait droit à quelque chose de
plus qu'à cette réparation tardive : le même
jour il lui délivra l'attestation suivante :

« Je soussigné, conseiller d'État, préfet de
police,

« Déclare que les circonstances dans lesquelles un mandat d'amener a été délivré
contre Monseigneur l'archevêque de Paris, en
raison de la cérémonie de Saint-Germain-
l'Auxerrois, m'ont mis dans la nécessité
d'examiner avec la plus minutieuse attention
quelle part pouvait y avoir prise Monseigneur
l'archevêque.

« Cet examen scrupuleux m'a convaincu
que non seulement il *n'avait eu aucune part,*

8

ni directe, ni indirecte, à ce malheureux événement, mais que si la connaissance des préparatifs lui était parvenue, il aurait usé de son autorité spirituelle pour le prévenir.

« Je déclare en outre qu'à raison de ces mêmes circonstances, et pour apprécier la valeur des imputations que la rumeur publique faisait peser sur Monseigneur l'archevêque, j'ai dû faire sur ses relations des recherches multipliées. Il en est résulté la preuve la plus évidente que *depuis plus de trois ans*, terme au-delà duquel j'ai jugé inutile de pousser les investigations, Monseigneur l'archevêque est demeuré complètement étranger à toute combinaison politique, et s'est exclusivement renfermé dans les devoirs et les vertus de son état.

« J'ai fait publiquement cette déclaration à la tribune de la Chambre des députés, je la renouvelle ici avec empressement, et je souhaite que les personnes entre les mains desquelles tomberait cet écrit y voient la preuve de mon désir de réparer le mal que, trompé par des renseignements inexacts, j'aurais pu faire involontairement à Monseigneur l'archevêque de Paris.

« Paris, le 19 février 1831.

« *Signé* BAUDE. »

N'y a-t-il pas quelque chose de providentiel dans ce témoignage rendu par un des premiers fonctionnaires du gouvernement de juillet, obligé d'attester, *après des recherches multipliées*, que depuis PLUS DE TROIS ANS *M. l'archevêque était demeuré complètement étranger à toute combinaison politique, et s'était* EXCLUSIVEMENT *renfermé dans les devoirs et les vertus de son état ?* Faible compensation pour tant d'injures, de pertes et d'outrages !

L'évidence était désormais acquise à la vérité, et, puisqu'on ne pouvait plus soutenir que c'était à cause de ce service que l'archevêché avait été dévasté, pouvait-on songer encore à une destruction que rien n'autorisait et ne justifiait ? — Le pouvoir, favorisant ainsi les prétentions de l'anarchie, l'avait malheureusement décidé : quelques mois après, il ne restait plus aucune trace de l'ancien palais des archevêques de Paris ; les

matériaux en étaient vendus par la ville, (1)
et le premier pasteur, privé de l'asile modeste
que lui avaient du moins laissé les trois journées de juillet, était contraint à recevoir
dans quelques maisons saintes, une hospitalité qu'il ne pouvait plus offrir à personne.

(1) L'adjudication pour la démolition, fut faite
le 22 novembre suivant, au prix de 51,100 fr.

~~~~~~~~~~~~~~~~~~~~~~~~~~~~~~~~~~

CHAPITRE IX.

Invasion du choléra. — Lettre pastorale de M.
l'archevêque. — Il va visiter les malades dans
les hôpitaux. — Il anime la charité du clergé. —
Il recueille les cholériques dans son château
de Conflans, dans les séminaires et dans les
maisons religieuses. — Il fonde l'œuvre des
orphelins du choléra.

1832.

Une année s'était à peine écoulée depuis
ces événements si douloureux pour le vénérable archevêque, que l'occasion se présenta
pour lui d'exercer son ardente charité pour
son troupeau et de faire du bien à ce peuple
qui l'avait si indignement méconnu. Le 27
mars 1832, le choléra éclate à Paris comme
un coup de tonnerre, et vient ramener dans

8*

nos rues , faire apparaître au chevet des
mourants ces pauvres prêtres traqués auparavant comme des bêtes fauves et qui doivent
au plus redoutable des fléaux de pouvoir
porter partout des secours, des consolations,
et de pouvoir mourir au milieu de ces tendres
soins prodigués à des gens qui peut-être les
maudissaient la veille. On était alors dans le
carême. M. l'archevêque publia une circulaire
pour dispenser du jeûne et de l'abstinence.
On y remarqua ce passage où le cœur du
prélat se peint si bien :

« .... L'âme toute remplie des émotions
que font naître ces jours lugubres et solennels, nous éprouvons le besoin, en vous ex-
hortant à la pénitence, à la prière et aux
bonnes œuvres, de vous parler aussi de la
sollicitude pastorale qui nous attache de plus
en plus à vous, qui nous fait regarder les
malheurs de chacun de nos diocésains comme
s'ils nous étaient personnels, et qui vous
consacre de nouveau tout ce qui nous reste
de bien et de vie pour les adoucir : c'est en
présence de Jésus-Christ *livré pour nous*, que
nous nous livrons volontiers nous-mêmes, et
que nous nous offrons en sacrifice, s'il le

faut, pour votre bonheur et pour votre salut ; que nous vouons du moins, pour y travailler, toutes nos forces et toutes les ressources qui seront en notre pouvoir.

« Nous dirons à ceux qui se sont faits sans sujet nos ennemis, s'il en existe quelques-uns, (car, pour nous, nous ne connaissons que des enfants et des frères), nous leur dirons que le pardon sera toujours sur nos lèvres et dans notre cœur, et qu'ils se lasseront plutôt de nous maudire que nous ne cesserons de les aimer. »

Quand le prélat parlait ainsi, Paris, nous pouvons dire la France entière, admiraient déjà les prodiges d'une charité qui rappelait les Charles Borromée, les Vincent de Paul et les Belzunce.

A peine, en effet, le cri de détresse d'une population saisie d'effroi eut-il retenti à ses oreilles, que le pasteur naguère si maltraité par elle montra qu'il avait depuis long-temps tout oublié, tout pardonné. Le jour même où les portes des hospices s'ouvrirent au premier cholérique, il eût été là pour le recevoir si une circonstance imprévue n'avait mis obstacle à son empressement. Il avait fait pré-

venir M. le préfet de police de son intention
de se rendre à l'Hôtel-Dieu, afin que des mesures d'ordre fussent prises s'il le jugeait convenable ; ce magistrat lui fit attendre sa réponse deux jours. Dans quel but et par quel
motif ? nous l'ignorons. Mais ce qui est connu
de tous, c'est que dans l'intervalle M. le duc
d'Orléans vint faire une visite aux cholériques. La démarche du jeune prince n'aurait-
elle donc été inspirée que par la lettre du prélat, et n'aurait-on mis un si long retard à lui
répondre, dans une conjoncture si grave,
que pour ne le faire arriver que le *second*?

Quoi qu'il en soit, le jour vint enfin où, nul
obstacle ne s'opposant plus à son zèle, il put
aller offrir non seulement des secours spirituels, mais des secours temporels aux malheureux atteints par la contagion. On le vit
tour-à-tour à l'Hôtel-Dieu et dans tous les
hospices de la ville porter partout des paroles
de paix, se multiplier en quelque sorte pour
suffire à la tâche immense qu'il s'était impo-
sée, écrire presque chaque jour à son clergé,
soit pour l'engager à démentir les faux bruits
répandus par l'ignorance et par la malignité,
soit pour lui suggérer des mesures pleines de

sagesse relativement aux sépultures, soit pour le porter à fléchir par des prières ardentes la colère du Ciel. Les circulaires, les mandements, les lettres pastorales qu'il publia à cette époque resteront comme un monument durable de son active charité.

Voilà donc ce pontife de la véritable Église, ce prélat que la calomnie avait si cruellement immolé à ses haines aveugles, que des hommes de révolution avaient par deux fois chassé de sa demeure de la ville et de sa demeure des champs, contre lequel tant d'outrages avaient été vomis naguère, qui avait tout vu, tout su, tout entendu, le voilà de nouveau au milieu de ses enfants, de ceux peut-être qui ont dévasté son palais, détruit sa fortune. Et qu'y vient-il faire?

Les asiles manquaient aux malades et aux mourants : il offre d'abord son château de Conflans, que fort heureusement l'émeute n'a pas détruit en entier comme l'archevêché, et les cholériques y reçoivent bientôt les soins les plus affectueux et les plus tendres. Il offre ensuite le séminaire de Saint-Sulpice, celui du Saint-Esprit; toutes les maisons religieuses

sont transformées à sa demande en vastes in-
firmeries.

Les secours matériels n'étaient pas assez
abondants, les riches ne songeaient pas assez
aux douleurs des pauvres qu'ils ne voyaient
pas ; il provoque des dons, il s'inscrit d'abord
ui-même pour 10,000 francs, qu'il n'a pas à
sa disposition, mais qu'on retiendra sur son
traitement à venir, puis il donne 1,000 fr.
qu'il possède afin qu'on achète des vêtements
aux malades guéris pour remplacer les leurs
qu'on a brûlés.

Les secours spirituels ne sont pas distri-
bués par un nombre d'ouvriers évangéliques
assez considérable ; il stimule leur zèle par
sa présence et par ses paroles ; au clergé des
paroisses il adjoint les membres des congré-
gations religieuses, les professeurs de la Sor-
bonne, les aumôniers des colléges, tous ces
prêtres si méconnus et dont, nous pouvons le
dire hautement et sans craindre qu'une seule
voix s'élève contre cette assertion, le dévouement fut digne en tout de la religion dont ils
sont les ministres.

Le fléau disparut enfin peu à peu ; mais
que de misères allaient succéder à tant de

douleurs ! Il en était une surtout à laquelle
le premier pasteur ne pouvait songer sans fré-
mir et sans trembler , et qui lui inspira une
des œuvres les plus belles du catholicisme.

Après avoir contribué à la guérison des malades et au salut des mourants , il n'oublia
pas les malheureux enfants auxquels le fléau
venait d'enlever leurs parents ; il fonda avec
une prudence et une sagesse qu'on ne saurait
trop admirer , l'œuvre si intéressante des
orphelins de saint Vincent de Paul par suite du
choléra-morbus , dans le but de recueillir et
d'élever les enfants de cholériques morts , et
de les faire rentrer dans la société après leur
avoir appris des états qui pussent les faire
vivre honorablement. (1)

Il s'agissait de pourvoir aux dépenses qu'en-
traînerait cette fondation. M. l'archevêque ne
voulut laisser à personne la glorieuse et touchante mission d'invoquer la bienfaisance
publique en faveur des orphelins qu'il avait
adopté. Une assemblée de charité fut annon-

(1) Le compte-rendu de l'œuvre à la fin de
1829 présente pour résultat plus de *mille quatorze*
orphelins secourus.

cée, et le 28 décembre, jour fort heureusement choisi, car il est celui des saints Innocents, une foule non moins nombreuse que
distinguée se pressait dans la nef et dans les
bas-côtés de Saint-Roch. Ce fut devant cet auditoire que reparut enfin dans la chaire de
vérité le prélat que la force matérielle avait
pu seule en éloigner, et dont la visible émotion
annonçait tout ce qui se passait dans son
cœur. Peut-être les souvenirs du passé se présentaient-ils involontairement à son esprit, en
en sortant d'une retraite si profonde et si prolongée, et la vue de cet auditoire faisait-elle
sur lui une impression inattendue, impression
du reste vivement partagée par les assistants,
car on vit plus d'une larme couler quand le
prélat reparut ainsi après tant d'agitations,
d'inquiétudes et d'orages. Son discours fut
plein d'âme, de sensibilité, d'onction, et le
résultat dut le toucher vivement : plus de
33,000 fr. furent recueillis, et l'on trouva
dans les bourses des quêteuses non seulement
l'or du riche et l'obole du pauvre, mais jusqu'à des bijoux enrichis de perles et de diamants.

Une seconde fois encore, le pieux archevêque prêcha en faveur de son œuvre : ce fut à Notre-Dame, le 29 décembre 1854 ; son discours, qui a été imprimé et vendu au profit des orphelins, est un chef-d'œuvre d'onction, d'éloquence et de charité.

L'œuvre des orphelins du choléra ne subsistera pas toujours ; le moment n'est pas éloigné où le plus jeune d'entre eux parviendra à cet âge où l'on peut se suffire à soi-même : bien différente en cela de l'institution de saint Vincent de Paul, avec laquelle elle a tant de rapports ; mais quand le souvenir en existera seul, on se redira toujours comment un évêque se vengea de ses ennemis, comment un ministre évangélique se fit le père de ceux dont les pères l'avaient persécuté, et sut, par les plus ingénieuses inventions de la charité, donner un asile et du pain à ceux qui ne lui avaient pas laissé une pierre où reposer sa tête.

9

~~~~~~

CHAPITRE X.

M. l'archevêque reprend ses visites pastorales.—
Traits de charité.—Calomnies contre le prélat.
— Mort de MM. Borderies et Desjardins.—
Peines et consolations. — Établissement des
conférences de Notre-Dame.

De 1832 à 1834.

Il n'avait fallu rien moins qu'une effroyable
épidémie pour que le premier pasteur du diocèse fût rendu à son troupeau; ingénieux à profiter de toutes les occasions de servir l'église
à la tête de laquelle la Providence l'avait placé,
il sut conserver avec autant de zèle que de
sagesse la position nouvelle que la Providence
lui avait faite. On le vit dès cet instant reprendre le cours de ses visites pastorales , et

se rendre successivement dans toutes les églises de Paris et de la banlieue pour y administrer les sacrements et y édifier par sa présence. Quelques circonstances intéressantes marquèrent le cours de cette nouvelle période de son épiscopat ; elles le font trop bien connaître pour que nous les omettions.

La commune de Vincennes l'avait invité à bénir sa nouvelle église. Il s'y rend et y est reçu avec un empressement et un respect qui etouchent vivement. La garde nationale avait pris les armes, ainsi que les troupes de la garnison; toutes les autorités s'étaient rendues à l'église pour assister à la cérémonie. Dans une courte exhortation, fort habilement en rapport avec son auditoire, il rappela le souvenir d'un homme que Vincennes ne saurait oublier. *Tous*, dit le prélat, *nous avons à déplorer la perte de quelques personnes qui nous sont chères; nous prierons aussi pour un homme que tous vous avez aimé, dont vous avez tous pleuré la mort, nous prierons pour le brave général Daumesnil, qui deux fois a sauvé cette population, et dans lequel tant de bonté s'unissait à tant de courage.* La veuve du général, qu'il ne savait pas être dans l'auditoire, voulut aller

le remercier et lui témoigner sa reconnaissance.

Un autre jour, il donnait la confirmation à
Sainte-Marguerite, et le curé de la paroisse
avait réhabilité le matin même un mariage
in extremis. Le malade, pauvre ouvrier qui,
chargé d'une nombreuse famille, n'avait pas
eu le bonheur de recevoir une éducation chrétienne, venait de participer le même jour aux
premiers et aux derniers sacrements. Dès
qu'il connut sa position, le prélat voulut aller
le visiter. Il se rendit à pied chez lui, monta
dans sa pauvre mansarde, lui administra le
sacrement de confirmation, bénit la mère,
les enfants, tous ceux qui étaient présents, et
ne quitta cette famille, qui ne pouvait croire à
tant d'honneur, qu'après lui avoir fait une
aumône abondante.

Pendant un court séjour à Thiais, petite
paroisse de son diocese, il allait donner la
confirmation, lorsqu'il vit entrer dans l'église
un enfant qu'on apportait au baptême. Il
témoigna aussitôt le désir de lui administrer
lui-même ce sacrement, et permit, à la demande des parents, que le nouveau chrétien
portât son

A quelques semaines de là et dans le cours de la même visite pastorale, un homme du monde, maire d'une commune dans laquelle il venait pour la première fois depuis 1830, et qui avait été invité à dîner avec lui, fut si touché de son affabilité qu'il ne put s'empêcher de lui dire : « Ah ! Monseigneur, *si tous les Parisiens dînaient avec vous, ils auraient bientôt rebâti votre maison !*

Malgré les revers qui l'accablaient dans sa personne et dans sa fortune, il n'avait point perdu de vue le sort de tant de malheureux que renferme la capitale. Pendant plusieurs années il avait prêché, le premier vendredi de carême, pour l'œuvre de la délivrance des prisonniers pour dettes, et chaque année il coopérait à la mise en liberté d'un de ces hommes souvent d'autant plus à plaindre qu'ils sont moins habitués aux rigueurs de la misère. Au mois d'avril 1831, ayant appris que l'œuvre avait, suivant son usage, délivré le vendredi saint un vieillard prisonnier pour dettes, il demanda sur-le-champ à payer lui-même tous les frais de cette délivrance, sauf à la société à reporter sur un autre prisonnier les fonds consacrés par elle à l'élargissement

du premier. Comme on s'étonnait de ce nou
veau sacrifice, après tant de pertes et une
ruine totale : « *Mes propres pertes ne sont*
« *rien*, répondait-il, *je suis trop heureux de*
« *retrouver l'occasion de m'associer à une bonne*
« *œuvre.* »

Ces traits pris au hasard, et mille autres
qu'il nous serait facile de citer, ne prouvent-
ils pas jusqu'à l'évidence que es ennemis de
M. de Quélen ne le connurent jamais?

De nouvelles épreuves étaient encore réser-
vées à son courage et à sa résignation. Il ne
suffisait pas à ceux qui avaient dévasté son
palais de l'avoir réduit à n'avoir pas même
une demeure, dans la première ville du
royaume : on voulut attaquer encore sa réputation d'honnête homme et jusqu'à sa pro-
bité. D'odieuses accusations furent publiées
contre lui par un malheureux prêtre que son
inconduite avait fait interdire, et qui s'en
vengeait par des calomnies, par des libelles,
par des pétitions aux Chambres.

Ce fut alors qu'un des plus pieux prélats
de France, Mgr d'Astros, archevêque de Tou-
louse, crut devoir publier une déclaration des
plus honorables pour le prélat outragé. Dans

cette pièce, que nous ne pouvons reproduire en entier, se trouve le passage suivant : (1)

« ... Je déclare ici devant Dieu que, tout le temps où j'ai eu des rapports avec M. de Quélen simple ecclésiastique, évêque de Samosate, coadjuteur, et enfin archevêque de Paris, je n'ai jamais rien vu que d'infiniment honorable dans toute sa conduite, et que j'ai souvent admiré sa haute vertu, sa foi vive, sa piété tendre, son dévouement inaltérable à la religion et à l'Église. »

A cette époque deux grandes douleurs vinrent peser presque en même temps sur son âme. Deux amis éprouvés dans la bonne comme dans la mauvaise fortune, confidents de ses peines, honorés de toute sa confiance, lui étaient ravis à quelques mois de distance. C'était M. Borderies, évêque de Versailles, son ancien grand-vicaire, puis M. Desjardins, son conseil et son confesseur.

(1) Cette pièce est insérée dans la grande *Vie de Mgr. de Quélen*, tome II, page 125, ainsi qu'une grande quantité de faits, pièces et documents que nous sommes obligés d'omettre dans ce petit volume.

Il semblait que tout fût alors conjuré contre lui : une réduction nouvelle fut faite à son traitement, qui, réduit à 50,000 fr. après la révolution de juillet, fut encore abaissé au chiffre de 35,000 fr. sur la proposition de M. Luneau, député, dans la séance du 15 février 1833. Il y avait peu de noblesse et de générosité dans un tel vote à l'égard d'un évêque qui venait de donner l'exemple des plus généreux sacrifices, qui avait offert sa maison aux malades, qui avait visité chaque jour les hôpitaux et établi une œuvre pour les orphelins du choléra. Elle ne l'affecta que parce que, ses ressources se trouvant plus bornées encore, ses aumônes devaient le devenir aussi.

Il se dédommagea de tant de peines dans les fatigues et les consolations du jubilé, et dans celles que lui donna la rétractation et la conversion d'un jeune prêtre qui, faux pasteur, s'était introduit depuis plusieurs années dans le troupeau qu'il avait été appelé à évangeliser.

Il fut moins heureux dans les démarches paternelles qu'il fit auprès du chef rebelle de l'église dite *catholique française,* qui, née de la révolution de juillet, scandalise encore aujourd'hui un quartier de la capitale de ses parodies sacriléges; il lui écrivit le 14 août 1833 une lettre qui est restée sans réponse, mais qui mérite d'être conservée comme un monument admirable de piété et de charité. (1)

L'année suivante, M. l'archevêque donna à ses diocésains une preuve éclatante de sa sollicitude pastorale. Depuis long-temps il méditait un enseignement religieux qui fût à la hauteur des hommes instruits; il le fonda définitivement par son mandement pour le carême de 1834. Nous voulons parler des conférences si célèbres de Notre-Dame, qui attirent chaque année pendant le carême une foule d'hommes les plus distingués par leurs talents, leurs lumières et leur position sociale, mêlés, autour de la chaire de vérité, à la jeunesse des écoles et à l'élite du barreau.

(1) Voir la grande *Vie de Mgr. de Quélen*, tome II, page 152.

9*

~~~~~~~~~~~~~~~~~~~~~~~~~~~~~~~~~~~~

CHAPITRE XI.

M. l'archevêque et la nouvelle cour. — Attentats contre Louis-Philippe.—Mort de Charles X. —Prudence de l'archevêque. — Usurpation par l'État des terrains de l'archevêché.—Réclamation du prélat.—Saint-Germain-l'Auxerrois rendu au culte.—Le fronton du Panthéon. —Conversion du prince de Talleyrand obtenue par les prières de M. de Quélen.—Sa piété envers la sainte Vierge.

De 1835 à 1838.

La position difficile dans laquelle s'est trouvé pendant neuf ans M. l'archevêque de Paris, après une révolution faite en haine de la religion et du clergé, ses rapports avec la nouvelle cour, ou plutôt l'éloignement dans lequel il s'est tenu, ont été si mal jugés par ceux mêmes qui auraient blâmé peut-être sa présence et son assiduité aux Tuileries, qu'il n'est pas sans intérêt d'examiner aujourd'hui si sa conduite a répondu toujours aux obligations de son ministère.

Deux fois depuis 1830 nous avons vu le premier pasteur du diocèse se présenter chez le roi : après la révolution de juillet, quand le souverain nouvellement élu lui fit témoigner le désir de le recevoir, puis au mois de janvier suivant, quand il était à la veille de rentrer dans son palais en ruines. D'autres fois encore, on le vit sortir de sa retraite pour aller offrir à la famille royale des consolations dans des moments de douleur, des félicitations après de grands dangers, remplissant ainsi toujours avec une délicatesse parfaite des devoirs de haute, de religieuse convenance.

Ainsi, quand au mois de juillet 1835 l'attentat de Fieschi plongea dans le deuil tant de familles dont les membres tombèrent mortellement blessés autour des princes, l'archevêque était dans une campagne à vingt-cinq lieues de Paris ; aussitôt il écrivit à la reine pour lui témoigner son horreur d'un tel crime, et la féliciter de ce que les jours du roi avaient été préservés d'un si grand péril. Trois jours après, il revint à Paris, demanda sur-le-champ au roi une audience à laquelle il se rendit avec ses trois grands-vicaires, et publia le 2 août une lettre pastorale, pour annoncer des prières en faveur des victimes et un *Te Deum* en action de grâces de la protection dont la Providence avait couvert les jours du roi. Il y disait : « Comme Français, comme chrétien et comme pasteur, nous ne saurions montrer trop d'indignation pour un attentat contre lequel l'Église n'a que des anathèmes. »

Les deux cérémonies eurent lieu, et à chacune présida M. l'archevêque. On se souvient encore de sa présence au service funèbre des Invalides, de cette messe chantée, de cette absoute faite par lui en présence de quatorze cercueils, et de l'impression profonde que produisit sa présence. Une escorte d'honneur lui avait été donnée, et l'accompagna également le lendemain à Notre-Dame, où il reçut le roi qui venait assister au *Te Deum*, et lui adressa un discours.

Un nouvel attentat contre la personne de Louis-Philippe vint plus tard rappeler l'archevêque au château de Neuilly, où il se rendit comme tous les dignitaires de l'État, pour offrir au prince ses félicitations de ce qu'il avait échappé aux coups du nouvel assassin.

A la naissance du comte de Paris, il s'empressa d'ondoyer l'enfant nouveau-né dont nous attendons encore le baptême, et d'assister au *Te Deum* chanté à Notre-Dame à cette occasion.

Quand la mort enleva la princesse Marie d'Orléans a l'affection de ses parents, il fut un des premiers à leur offrir ses compliments de condoléance. Que pouvait-on demander de plus à l'archevêque de Paris, à moins qu'on n'exigeât qu'il prît vis-à-vis du gouvernement de juillet le rôle de courtisan ?

La mort du roi Charles X vint fournir une preuve de l'esprit de paix dont il était animé. Il écrivit à cette occasion à MM. les curés, pour les engager à ne pas accéder aux demandes qui leur seraient faites de services solennels, et à se borner à dire des messes basses pour le roi défunt; tant le vénérable prélat craignait que le moindre prétexte de trouble et de nouveaux sacriléges fût donné !

Cependant, au moment où il manifestait cet esprit de prudence et de conciliation, on méditait une atteinte nouvelle aux droits de son siége qu'il avait juré de conserver intacts. Il n'avait pas suffi aux passions populaires que l'archevêché fût détruit ; une loi fut présentée aux chambres, par aquelle *cession des terrains occupés jadis par le palais archiépiscopal était faite à la ville de Paris*, qui les destinait à une promenade publique.

Dès que cette mesure fut officiellement connue, le prélat comprit combien son silence serait coupable : il le rompit par une déclaration portant : « Qu'établi en vertu de son institution, installation et mise en possession canoniques ; tuteur, gardien, conservateur et défenseur des biens affectés à l'Église de Paris, il était obligé de protester contre une aliénation à laquelle il ne lui était pas permis de se prêter. » Il réclamait par conséquent, et suppliait le gouvernement et les chambres de ne pas dépouiller le diocèse de Paris en sanctionnant le projet de loi.

Rien de moins important en apparence que ce qui faisait l'objet de cette réclamation, si on ne considère que sa valeur matérielle et vénale ; mais rien de plus important et de plus

précieux, si on considère sa valeur morale.
C'est sous ce rapport que cette déclaration
devait attirer au plus haut degré l'attention
du clergé, des catholiques, des Chambres, de
l'administration et de tous les amis de l'ordre
et de la justice. Le projet de loi contre lequel
protestait M. l'archevêque supposait en effet
que l'État était propriétaire du terrain de
l'archevêché. Or, cette prétention une fois
admise, ne s'ensuivait-il pas que tous les anciens évêchés de France, tous les anciens séminaires, toutes les cathédrales, rendus à leur
destination primitive, appartiennent à l'État,
et qu'il lui est permis de les affecter à tel usage
qu'il plaît à l'administration, de les aliéner
même ? Ainsi, trente mille paroisses étaient
menacées de voir la propriété de leurs trente
mille églises contestée ; ainsi la propriété de
tant de monuments élevés par l'Église de
France devenait au moins douteuse.

Ces considérations étaient assez graves pour
motiver et pour justifier la démarche de l'archevêque de Paris ; elles parurent telles au
Chapitre métropolitain, qui, par une déclaration du 5 mars 1837, déclara adhérer à l'una-
nimité à la protestation de Monseigneur et en

admirer *la sagesse*, *la force et l'expression mo-*
dérée. (1)

Cédant à l'impulsion des ennemis du clergé,
le ministre fit rendre une ordonnance royale,
du 21 mars, dont il ne nous appartient pas
d'examiner et de discuter ici les étranges
considérants, qui prononçait qu'il y avait
abus dans la déclaration du prélat et dans
l'adhésion du Chapitre, et qui les déclarait
nulles.

Ainsi fut consommée, malgré l'honorable
résistance de l'archevêque, la spoliation du
diocèse : quelques voix généreuses firent, il
est vrai, entendre au sein des Chambres de
nobles et courageuses paroles; mais la majorité l'emporta, et l'on sait qu'une loi déclara
propriété de la ville, par suite d'une préten-
due cession de l'État, les terrains sur lesquels
était établi depuis des siècles l'archevêché de
Paris.

Le moment vint enfin de mettre un terme
à la longue viduité d'une paroisse: une ordonnance royale rendit au culte l'église Saint-

(1) Voir les pièces en entier dans la grande *Vie*
de Mgr. de Quélen, tome II, chap. XIV.

Germain-l'Auxerrois; le prélat s'y transporta
pour la bénir de nouveau et réparer par
une cérémonie expiatoire les désordres sacriléges dont elle avait été le théâtre. Reçu
immédiatement après par le roi, qu'il voulut
remercier de ce qui n'était qu'une réparation
tardive d'une injustice criante, il put espérer
pour la religion des jours plus favorables et
plus sereins; mais il était écrit que son pontificat serait jusqu'à la fin abreuvé d'amer-
tumes.

Non seulement on avait constamment refusé à ses instances de rendre à la religion
l'église jadis consacrée à la sainte patronne
de Paris, maintenant destinée à recevoir les
dépouilles des *grands hommes* de la patrie,
mais par une profanation nouvelle on décou-
vrait pour l'exposer à l'admiration, et sans
doute aussi à l'imitation du peuple, un fronton dans lequel le sculpteur avait mis l'illustre archevêque de Cambrai à côté d'hommes
qui durent une partie de leur illustration à
leur immoralité. Le zèle de l'archevêque, à la
juridiction duquel on avait enlevé ce monument de la piété de nos rois, en fut vivement
ému. Il écrivit une circulaire à ses curés; il en

parlait souvent avec douleur; il adressa à ce sujet une lettre remarquable.dont nous avons été
heureux de pouvoir donner le *fac-simile* en tête
du 1ᵉʳ volume de notre grand ouvrage. « Quel
est, dit-il dans un passage de cette lettre,
quel est, je ne dirai pas le chrétien, le prêtre, l'évêque, mais seulement le Français,
l'homme honnête qui ne gémisse à la vue du
nouvel outrage fait à la religion du pays.....?
Je suis assez fier de ma patrie pour croire
que je suis et que je serai toujours du côté
de l'immense majorité. »

La Providence réservait cependant à M. l'archevêque de Paris une bien douce consola-
tion. A son lit de mort, son vénérable prédécesseur lui avait spécialement recommandé
de faire tous ses efforts pour obtenir la conversion de son neveu le prince de Talleyrand,
ancien évêque d'Autun, qui à la révolution de
1789 avait abdiqué ses fonctions ecclésiastiques, et s'était plus tard marié ; c'était un
legs dont le pieux pontife comprit toutes les
obligations, et qu'il accepta sans hésiter. Plusieurs années avant la mort du prince, il sol-
licitait pour lui une mort chrétienne. En 1834
et 1835, dans un pieux pélerinage à la Déli-

vrande, il la demanda plus spécialement à la
sainte Vierge, et fit un vœu formel pour l'obtenir : ce vœu fut exaucé. A ses derniers moments, le vieillard se détermina à réparer
par une rétractation publique le scandale de
cinquante années. (1) Il mourut dans ces sentiments le 17 mai 1838.

Quelques mois après, l'archevêque partit
pour la Normandie, se rendit à la Délivrande
pour y accomplir le vœu qu'il avait fait, offrit
au monastère de la Sainte-Vierge la statue
qu'il avait promise, la bénit le 8 septembre
et la plaça sur une colonne élevée dans
l'intérieur du cloître à la gloire de Marie.

Sa dévotion constante à la sainte Vierge,
la confiance touchante qu'il avait toujours eue
en elle, le zèle dont il était animé pour son
culte, méritaient peut-être cette précieuse récompense : sa dévotion en devint plus tendre
encore et plus affectueuse. Le 1er janvier
1839, au moment où s'ouvrait pour lui la

(1) Consulter à ce sujet l'*Histoire de la vie et de
mort du prince de Talleyrand*, par M. S. D.
1 vol. in-8, à la Société de Saint-Nicolas. Prix :
5 francs.

dernière année de sa vie, il publia un mandement pour annoncer aux fidèles que, par une faveur spéciale, le souverain Pontife autorisait dans le diocèse la célébration de la fête de l'Immaculée Conception de Marie: au mois de juin suivant, il obtint encore que l'invocation *Marie conçue sans péché* fût ajoutée aux litanies.

~~~~~~

CHAPITRE XII.

M. l'archevêque tombe malade au commencement de 1839.—Il se fait recommander aux
prières des fidèles. — Vœu du Chapitre. — Le
26 décembre, Monseigneur reçoit le saint-
viatique. — Prières des quarante heures. —
Adieux touchants de M. l'archevêque aux personnes qui l'entouraient. — Sa sainte mort le
31 decembre.

1839.

A peine l'année 1839 avait-elle commencé
son cours, que de graves symptômes se mani-
festèrent dans la santé du prélat dont tant de
secousses devaient hâter la fin. Au mois de
mai sa maladie avait pris un caractère plus
alarmant, quand éclata le mouvement insur-
rectionnel dont les auteurs viennent de com-
paraître en partie devant la Cour des pairs.
Avertics par un passé déplorable, les person-

nes qui veillaient auprès du malade, craignant
qu'il n'y eût quelque imprudence à le laisser
dans une maison où sa retraite était connue ,
le transportèrent dans un hôtel peu éloigné :
cette translation lui fut fatale. Une sueur
abondante, qui eût pu le sauver, se trouva sup-
primée tout-à-coup, et des accidents plus graves compliquèrent l'affection première. Grâces
à Dieu cependant, aux soins assidus de son
médecin ordinaire, M. Caillard, et à ceux des
confrères habiles dont il invoqua les lumières,
le mal fut vaincu, et, après plusieurs mois de
maladie, le prélat put reparaître, au mois
d'octobre, au milieu de ses prêtres, réunis à
Saint-Sulpice pour la retraite. Il était encore
si faible alors et si souffrant que l'appui d'un
bras lui était nécessaire pour marcher. Cette
courte apparition fut la dernière. Deux mois
après, une rechute vint compliquer la gravité
de sa situation , et enlever tout espoir de le
conserver plus long-temps. Ne se faisant aucune illusion sur son état , il fut le premier à
réclamer les prières de l'Église : le dimanche ,
22 décembre, la note suivante, dictée par lui-
même et signée de MM. Augé, Jammes et Mo-
rel , vicaires-généraux , archidiacres , fut lue

lans toutes les Églises de Paris , à l'issue de
'office du soir :

« Monseigneur l'archevêque a été pris dans
la journée d'hier d'une fièvre si violente ,
et le mal a fait des progrès si rapides qu'il
a témoigné le désir de recevoir les derniers
sacrements de l'Église. Toutefois , l'extré-
mité n'est pas déclarée , et l'on espère encore une crise favorable ; mais Monseigneur
l'archevêque a voulu donner cet exemple à
son diocèse , en même temps qu'il réclame
du clergé et des fidèles des prières plus fer-
ventes pour que Dieu lui accorde l'entière
soumission à sa volonté sainte et les grâces
qui lui sont nécessaires pour soutenir le
dernier combat , si le Seigneur a résolu de
l'appeler à lui. »

« Les prêtres diront à la messe les oraisons
Pro infirmo archiepiscopo. »

Toutefois , l'administration des sacrements
ne put avoir lieu malgré la volonté du malade,
es médecins s'y étant formellement opposés à
ause d'une transpiration salutaire qui venait
le s'établir et dont ils espéraient les plus
ieureux résultats.

C'est à dater de ce moment que les fidèles

de Paris furent journellement instruits de l'état de santé de leur pasteur par les bulletins réguliers qu'en publièrent les docteurs Caillard, Récamier, Husson, Serres, Masson, qui lui donnaient leurs soins.

Mais les espérances qu'avaient permises les alternatives de bien et de mal ne se soutinrent pas long-temps, et dès le 25 le Chapitre métropolitain de Paris, justement inquiet d'une santé si précieuse, et voulant donner à son vénérable archevêque une preuve de son respectueux attachement et de son dévouement sans bornes, fit vœu, dans une assemblée tenue le saint jour de Noël, à l'issue de l'office capitulaire, d'aller tous les ans, pendant la vie du prélat, faire l'office, le jour de la fête de sainte Geneviève, dans l'Église de Saint-Étienne du Mont, où se trouve le tombeau de la sainte, ou dans l'église même de Sainte-Geneviève, lorsqu'elle sera rendue au culte, si, par l'intercession de la patronne de Paris, il obtenait la conservation des jours de l'auguste prélat. Une lampe en argent serait de plus offerte à la chapelle du tombeau comme monument de cette faveur insigne.

Une neuvaine commença aussitôt à cette intention. Chaque jour la sainte messe devait être célébrée à l'autel de sainte Geneviève, dans l'église de Saint-Étienne du Mont, par un des membres du Chapitre. M. Augé, vicaire-général, archidiacre de Notre-Dame, l'ouvrit le 29 au matin, et le concours de fidèles qui entoura l'autel et le tombeau de la sainte attesta combien était précieuse à tous les bons catholiques de Paris la vie de leur premier pasteur.

Ce jour-là même, Monseigneur en ayant témoigné un vif désir, les derniers sacrements lui furent administrés par M. Augé, assisté de tout le Chapitre, auquel s'était joint M. le curé de Saint-Sulpice. Le cortége partit processionnellement de la chapelle des dames du Sacré-Cœur, et se rendit, en récitant les prières d'usage, à l'appartement de Monseigneur. (1) M. Augé portait le Saint-Sacrement. Monseigneur était sur son lit, en rochet et en étole. M. Augé lui a adressé tout d'abord

(1) M. l'archevêque habitait successivement à Paris le couvent des dames de Saint-Michel et celui des dames du Sacré-Cœur. C'est dans ce dernier qu'il est mort.

10

quelques paroles, s'excusant sur sa vive émotion de ne point pouvoir, pour ainsi dire,
parler dans cette circonstance. Ensuite la cérémonie de l'administration commença. Monseigneur fit paraître, tout le temps, le plus
grand calme et la présence d'esprit la plus
parfaite. Il demanda un livre pour suivre les
prières qu'on allait réciter pour lui. M. l'abbé
Surat et M. le docteur Masson tinrent le livre
ouvert devant lui, selon son désir. Monseigneur répondit à toutes les prières avec une
touchante expression de piété. Plusieurs fois
il avertit M. Augé de quelques cérémonies que
le trouble où le jetait son émotion lui faisait
omettre. Pendant la récitation des litanies, il
fit invoquer quelques saints dont les noms ne
se trouvent pas dans le rituel en usage, entre
autres saint Ligori et saint Hyacinthe, son
patron. Après l'extrême-onction, M. Augé
présenta le crucifix à Monseigneur, en ajoutant ces paroles que marque le rituel : *Voici
l'image du Fils de Dieu mort pour notre salut.
Le croyez-vous ?* Monseigneur, après avoir répondu *Oui*, ajouta, avec un sourire exprimant le bonheur et la confiance, *et de tout mon
cœur*. Après la réception du saint viatique, il

se recueillit profondément. Lorsque toutes les
prières furent terminées, il fit signe qu'il voulait dire quelques mots: Alors tous les assistants s'étant approchés de son lit, il prononça,
d'une voix forte encore, ce peu de paroles :

« L'obéissance et la soumission à la volonté
« de Dieu, qui m'est manifestée par l'organe
« des médecins, me ferment la bouche dans
« ce moment ; mais, moins je puis prononcer
« de paroles, plus mon cœur se dilate : je
« voudrais que vous pussiez y lire tous les
« sentiments de reconnaissance, de vénéra-
« tion et d'amitié sincère, dont j'ai toujours
« fait profession pour mon Chapitre, et que
« je lui renouvelle en ce moment. Je remercie
« MM. les grands-vicaires des secours spiri-
« tuels qu'ils m'ont procurés en ordonnant
« des prières dans le diocèse pour la conser-
« vation de mes jours ; je les remercie surtout
« du service qu'ils me rendent aujourd'hui.
« J'ai parcouru une mer orageuse ; si je puis,
« comme je l'espère, par la grâce de N.-S.-J.-C.,
« et sous les auspices de *l'étoile de la mer*,
« arriver au port, je serai toujours sur le
« rivage de l'éternité, où vous viendrez tous
« aborder, pour vous attendre, vous recevoir

« et vous donner le baiser fraternel et éternel ;
« car c'est là qu'il sera *bon et doux pour des*
« *frères de se trouver réunis.*

Une nouvelle crise, plus inquiétante que les
précédentes, étant survenue au malade dans
la journée du 29, MM. les vicaires-généraux
écrivirent aussitôt à MM. les curés de Paris la
lettre suivante pour leur ordonner les prières
des quarante heures.

Paris, 29 décembre 1839.

« L'espoir que nous avions conçu depuis l'administration de M. l'archevêque s'est notable-
ment affaibli sous la nouvelle et formidable
crise à laquelle il est en proie depuis quelques heures. Déjà nous avons demandé aux
pasteurs et aux fidèles le concours de leurs
prières, et tous se sont empressés d'accourir
aux pieds des autels de Marie conçue sans péché, et de sainte Geneviève, patronne de Paris. Sans les interrompre, sans renoncer à la
confiance que nous avons placée en de si puis-
santes intercessions, aimant à espérer contre
l'espérance, le péril toujours plus grand d'une

vie si chère et si précieuse au diocèse nous
fait demander de nouveau et prescrire les
prières et les supplications solennelles que
l'Église a coutume d'adresser au prince des
pasteurs dans de semblables et trop douloureuses circonstances. Pressons-nous donc autour de nos saints autels pour demander au
Seigneur, en adorant ses desseins impéné-
trables, la conservation de ce pontife vénéré
et chéri, et pour attirer sur ses souffrances la
plénitude des bénédictions et des consolations célestes.

« En conséquence, nous ordonnons :

« 1° De faire demain lundi, mardi et mercredi les prières des quarante heures dans
l'église métropolitaine et dans toutes les autres
églises et chapelles de la ville.

« Dans les autres paroisses et communautés
du diocèse, on fera lesdites prières les trois
jours qui suivront immédiatement la réception de cet avis. »

Signé AUGÉ, JAMMES, vicaires-généraux.

Mais le terme des épreuves du pieux prélat
était enfin arrivé. Sentant lui-même sa mort

10*

approcher, il commença, dans la nuit du 29 au 30, à préparer à une séparation inévitable ceux qui avaient le bonheur de l'entourer et de lui rendre les services que son état exigeait. Dans cette même nuit, vers quatre heures et demie, il demanda la sainte communion, qu'il recevait tous les jours, à la même heure, depuis l'administration des derniers sacrements. Elle lui fut portée par deux de ses secrétaires, auxquels s'adjoignirent quelques dames religieuses du Sacré-Cœur, accompagnant le Saint-Sacrement, des flambeaux à la main. Après avoir reçu le corps de Notre-Seigneur, assis dans son fauteuil, (car depuis quelques heures, ne pouvant plus supporter le lit à cause des étouffements continuels qu'il y éprouvait, il s'était fait mettre dans son fauteuil, où il est resté jusqu'à la fin,) et s'être recueilli un instant, il adressa aux religieuses ses derniers adieux, ses derniers remercîments pour l'hospitalité généreuse qu'elles ont exercée envers lui si longtemps, partageant cet honneur avec les dames de Saint-Michel, et leur donna sa bénédiction en leur recommandant de ne pas l'oublier dans leurs prières et bonnes œuvres : *C'est*

votre père mourant qui vous le demande, ajouta-
t-il ; puis il permit à chacune d'elles de venir
baiser son anneau pastoral, et, au milieu des
sanglots que ses paroles avaient fait éclater,
lui seul conserva son calme et sa sérénité or-
dinaires. Il demanda à rester seul pour faire
son action de grâces ; puis, au bout de quelque temps, il fit venir ses deux secrétaires,
qu'il fit mettre à ses côtés, et s'entretint avec
eux de sa fin prochaine, les remercia des soins
qu'ils prenaient de lui, leur recommanda d'être
les interprètes de sa reconnaissance auprès
des dames de Saint-Michel, qu'il n'avait pu
revoir depuis la fin de septembre dernier, et
les chargea de leur porter sa dernière bénédiction.

La journée qui suivit cette nuit de désola-
tion fut mauvaise. L'étouffement continuait
toujours, et augmentait de plus en plus. Pas
une plainte ne sortait de sa bouche. Calme et
résigné à la volonté de Dieu, il supporta des
douleurs atroces avec cette patience chrétienne que Dieu donne aux siens, et eut jusqu'au bout le courage de s'occuper des affaires du diocèse, de ses affaires particulières
et des dispositions relatives à ses funérailles,

qu'il recommanda de faire avec la plus grande simplicité. Il ordonna surtout qu'on fît transporter son corps à la métropole, dans une chapelle ardente, en attendant le jour des obsèques, *afin*, dit-il, *d'être présent à toutes les messes qui seront dites pour le repos de mon âme.* Il reçut les adieux de sa famille fondant en larmes, leur fit les siens avec la tendresse dont son cœur était pénétré pour ceux qui lui appartenaient, et avec le calme qui ne l'a jamais quitté ; seulement il s'attendrit et versa des larmes à la vue de deux jeunes enfants, son neveu et sa nièce, sur la tête desquels il posa sa main en leur recommandant d'être fidèles à Dieu et de se souvenir de lui. *Soyez dignes de votre père et de votre mère,* dit-il, et il les bénit. Cette scène fut déchirante. Il répéta avec émotion ce qu'il avait déjà dit plusieurs fois au vicomte de Quélen, son frère: *Surtout, mon cher Alphonse, fais bien en sorte que l'on sache qu'en mourant je n'emporte aucune amertume contre qui que ce soit, et que je pardonne de tout mon cœur à ceux qui m'ont fait quelque mal.*

Un de ses grands-vicaires, M. l'abbé Quentin, étant entré en ce moment, il l'accueillit

avec une sorte d'empressement, et, en lui serrant la main, le remercia avec effusion des
bons offices qu'il lui avait rendus, et de la
franchise et du dévouement sans bornes avec
lesquels il l'avait servi. Le secrétaire-général
de l'archevêché qui survint, et que Monseigneur affectionnait particulièrement, reçut
aussi sa part de bon souvenir : il s'entretint
à voix basse quelques instants avec lui, le
pria de lui apporter des papiers à signer pour
la conclusion d'une affaire qu'il avait à cœur
de terminer, signa d'une main ferme encore,
et parut heureux de ce dernier acte dont
personne ne connaissait la teneur. (1) Pen-

(1) On a su depuis que cet acte était la nomination au canonicat vacant de la veille par la
mort de M. l'abbé Caillon, et pour lequel il présentait au gouvernement M. l'abbé Eglée, pro-
secrétaire de l'archevêché, dont le dévouement
pour sa Grandeur n'a pas connu de bornes. On
ajoute que, portée aussitôt à M. le ministre des
cultes, cette nomination a dû recevoir immédiatement la sanction royale. Quand il fut averti
des bonnes dispositions de M. Teste, Monseigneur dit à M. Eglée, en lui annonçant ce qu'il

dant le cours de cette journée, il accueillit
avec bonté toutes les personnes qui se présentèrent pour recevoir sa bénédiction, et ne
parut pas fatigué de tant d'émotions. Il resta
quelque temps enfermé avec Mgr. l'internonce
apostolique, qui sortit de sa chambre les larmes aux yeux. Il permit à ses anciens serviteurs de venir lui baiser la main, leur adressa
quelques mots, et versa des larmes à la vue
de son fidèle domestique René, attaché à sa
personne depuis vingt-sept ans, et dont l'attachement sans bornes à son maître, éprouvé
dans sa bonne et sa mauvaise fortune, est
connu de tout le diocèse. *Il faut nous quitter,
mon bon René*, lui disait-il en lui serrant les
mains. Plusieurs curés lui furent aussi pré-
sentés : il les bénit, ainsi que leurs paroisses,
en recommandant de faire prier pour lui. Il
s'entretint avec M. le curé de Saint-Roch, et
le chargea de ses adieux aux curés de Paris.

venait de faire en sa faveur : *J'ai voulu vous témoigner ma reconnaissance, et je ne pouvais pas
attendre, car je n'ai plus de temps ; d'ailleurs,
c'est une fondation de prières pour moi que je fais
en votre personne.*

les médecins qui l'avaient soigné avec tant
le zèle furent l'objet spécial de sa reconnais-
ance à ses derniers instants : il le leur répéta
plusieurs fois, les pria de se souvenir de lui,
omme aussi il les assura qu'il ne les oublie-
ait jamais devant Dieu. Le docteur Caillard,
on médecin et son ami dévoué, fondait en
larmes auprès de lui : *Ne vous désolez pas, mon*
mi , nous nous reverrons dans une meilleure
ie, lui dit son vénérable ami. Devant les per-
onnes qui l'entouraient, il répéta solennelle-
ent les paroles qu'il avait dites la nuit pré-
dente à ses deux secrétaires qui veillaient
après de lui, exprimant sa reconnaissance
our les religieuses de Saint-Michel, qui, de-
is dix ans, lui avaient rendu de grands ser-
ces, ajoutant qu'il voulait que cela leur fût
t, que c'était une dette sacrée qu'il acquit-
it en ce moment. Il y joignit les Bénédic-
es du Temple, la vénérable mère de Soye-
urt, prieure des Carmélites de la rue de
ugirard, et plusieurs autres personnes qui,
ns des temps mauvais, lui avaient offert un
le.

Après une journée si fatigante, entièrement
nsacrée à la reconnaissance et à l'amitié,

on conseilla à Monseigneur de prendre quelque repos. On le laissa seul avec la digne sœur de Bon-Secours, qui depuis huit mois lui prodiguait des soins assidus (1). La nuit s'annonçait plus calme que la précédente ; il essaya de se coucher, mais à peine dans son lit, les douleurs de l'étouffement devinrent si fortes qu'il fut obligé de recourir à son fauteuil. On essaya divers remèdes pour vaincre cet étouffement : l'émétique qu'on lui administra en petite dose opéra quelque soulagement, mais les mêmes symptômes reparurent bientôt, et, vers les trois heures du matin, les personnes qui veillaient dans une pièce voisine furent averties que le danger devenait de plus en plus imminent. On lui proposa la communion.

« Pourquoi à cette heure? répondit-il, après avoir regardé la pendule.

— Monseigneur, lui dit l'abbé Surat, son

_____

(1) On rapporte un mot charmant dit par lui à cette bonne sœur : *Je vous donne beaucoup de peine, ma sœur, mais si j'ai le bonheur de voir saint Vincent de Paul, vous êtes la première personne dont je lui parlerai.*

secrétaire intime et son fils d'adoption, nous avons les clefs de la chapelle, et nous ne dérangerons personne de la communauté.

— A la bonne heure, répliqua le prélat. Allons, c'est aujourd'hui le dernier jour de l'année ; c'est un jour d'actions de grâces, sanctifions-le par la communion. »

M. Surat alla chercher le Saint-Sacrement. M. le curé de Conflans, le pro-secrétaire de l'archevêché et M. le comte de Brissac, parent et ami du prélat, l'accompagnaient. Il reçut la communion, et, comme son état empirait, on lui proposa l'indulgence *in articulo mortis* : « Bien volontiers, » répondit-il ; et elle lui fut appliquée.

Il demanda ensuite qu'on lui recitât les prières des agonisants : M. Jammes, son grand-vicaire, se chargea de lui rendre ce dernier service, et le prélat répondit à toutes les prières avec la piété qui était si bien dans son cœur. Les prières achevées, et l'état du vénérable malade étant toujours le même, on lui suggéra quelques versets de psaumes ou des autres saints livres analogues à la position où il se trouvait. Lui-même, autant que ses forces le lui permettaient, tâchait d'exprimer hau-

11

tement ses sentiments. Il fit faire devant lui la neuvaine à Sainte-Geneviève, commencée depuis le jeudi precédent, se fit donner la relique à vénérer, et pria la Vierge immaculée, dont il venait d'établir le culte dans son diocèse. Les assistants à genoux s'unissaient à lui, et cherchaient à concevoir encore quelque lueur d'espérance; lui seul n'en conservait plus; son unique espérance était en Dieu.

Cependant cette crise se passa, et la tranquillité revint : les douleurs s'apaisèrent un peu. Il profita de ce temps pour s'entretenir avec M. l'abbé Jammes, et pour régler encore quelques affaires.

Ses mains commençaient à se refroidir. Attribuant cet incident à la température, il pria qu'on lui fît chaffer des serviettes pour les envelopper. La vicomtesse de Quélen, sa belle-sœur, qui a partagé avec son mari le bonheur de servir dans ses derniers jours un frère qui leur était si cher, lui offrit son manchon. Monseigneur le prit et y mit ses mains. Se regardant dans cette position, sa gaîté lui revint encore, et il plaisantait en considérant un archevêque en manchon. Cependant le mal faisait de tels progrès que ce dernier moyen de le réchauffer lui parut trop lourd pour ses bras affaiblis. Il mit le manchon de côté; mais, pensant à la satisfaction qu'il procurait à sa belle-sœur en se servant, pour éprouver un peu de bien-être, d'un objet qui lui apparte-nait, il le reprit avec un sourire, en disant : *Je le porterai bien encore.* Sa prière ne discon-tinuait pas au milieu de ces circonstances. C'est alors qu'il dit avec la plus douce con-fiance ces paroles que nous avons déjà rapport-tées: *Je vais paraître devant un juge que j'ai toujours aimé et que j'aime encore.*

Enfin le moment fatal arrivait. Il entra en agonie à neuf heures et demie, unissant ses souffrances à celles de Notre-Seigneur. C'est alors qu'on lui demanda sa dernière bénédic-tion pour son clergé, son diocèse et la France. *De tout mon cœur,* s'efforça-t-il de répondre; et, levant seul sa main défaillante, il eut encore la force de former la croix sur les assistants. Quelques minutes après, M. l'abbé Surat lui demanda s'il désirait recevoir l'absolution. *Non, mon ami, je vous remercie; je ne crois pas en avoir besoin,* dit-il d'une voix éteinte : dernier mot d'une âme pure, d'une conscience droite et d'un cœur confiant en Dieu.

Il rendit cette belle âme à son créateur à neuf heures trois quarts, entouré de ses prêtres, de sa famille, de ses amis, dont les sanglots annoncèrent à ceux qui n'avaient pu entrer dans la chambre la perte que l'Église et le diocèse de Paris venaient de faire

~~~~~~~~~~~~~~~~~~~~~~~~~~~~~~~~~~~~~

CHAPITRE XIII.

Beaux traits de M. de Quélen révélés après sa mort. — Son corps embaumé est exposé d'abord au couvent du Sacré-Cœur, ensuite à Notre-Dame. — Son cercueil. — Cérémonie des funérailles, le 9 janvier. — Décoration de la cathédrale. — M. de Quélen cardinal. — Appréciation du prélat.

1840.

La nouvelle de la mort du prélat n'avait pas tardé à se répandre dans la ville entière, et à y exciter parmi les pieux fidèles une douleur dont nous avons vu bien peu d'exemples; elle se manifesta surtout dans les neuf jours pendant lesquels le corps du prélat fut exposé, revêtu des mêmes habits pontificaux qui lui avaient servi pour sa consécration épiscopale, dans la chapelle de la Sainte-Vierge, située au chevet de Notre-Dame.

L'injustice qui l'avait poursuivi pendant sa vie s'arrêta à son tombeau. Sa mort, en forçant, pour ainsi dire, tout le monde à rechercher les actes de sa vie, produisit en sa faveur une réaction sensible dans l'opinion de ceux qui l'avaient jusqu'alors si mal jugé. Mille traits d'une générosité étonnante, d'une résignation édifiante, d'une bonté charmante, furent alors révélés par la reconnaissance et par l'amitié. Qu'il nous soit permis d'en citer ici quelques-uns que se redisait la foule étonnée.

Ses libéralités étaient vraiment royales. Il ne donnait jamais moins de 100 francs à une œuvre de charité, ni moins de 5 francs à un pauvre. Une œuvre de charité a obtenu de lui jusqu'à 8,000 fr. de souscription. Un prêtre qui se trouvait dans le besoin lui ayant fait part de sa position, M. l'archevêque, qui venait de toucher à l'instant même un billet de 2,000 francs, lui répondit aussitôt qu'il allait partager avec lui le pain qui lui était apporté. Ce prêtre reçut 1,000 francs.

De telles libéralités devaient le mettre souvent dans la gêne, depuis dix ans que son traitement était si réduit, et jamais cependant un mot de plainte ne sortit de sa bouche : *De quoi me plaindrais-je ?* disait-il un jour à un ami ; *chaque jour j'ai ici mon déjeuner et mon dîner. Ma soutane et mon rochet sont peut-être moins magnifiques qu'autrefois, mais enfin je les ai.*

Une personne qui venait le voir au couvent de Saint-Michel montait avec peine l'escalier difficile qui conduisait à son modeste appartement ; M. de Quélen lui dit en souriant : *C'est la voie étroite ; mais j'espère qu'elle sera pour moi l'échelle de Jacob, et qu'elle me conduira au ciel.*

La lettre suivante, qui, dès le lendemain de la mort du généreux prélat, fut adressée par son auteur à différents journaux de la capitale, honore également et celui qui l'a écrite, et celui dont elle révèle l'inépuisable bienfaisance.

Paris, 1er janvier 1840.

« Monsieur,

« En apprenant la mort de Mgr l'archevêque de Paris, je ne puis résister au désir de faire connaître à ses ennemis un trait de générosité de ce vénérable chef de l'Eglise parisienne.

«Un homme de lettres, appartenant au *parti démocratique,* se mourait, en proie aux tortures d'une affreuse maladie produite par le travail et la misère; il en était à ce point où celui qui souffre, n'attendant rien de la compassion humaine, s'adresse à Dieu dont la miséricorde est infinie. M. de Quélen, prévenu de ce qui se passait au domicile du moribond, s'empressa (bien qu'il eût à se plaindre de *l'écrivain*) d'y faire déposer, par l'entremise du respectab'e abbé de L..., tous les secours que nécessitait la circonstance. Ce moribond d'alors, c'est moi, monsieur, qui sous l'impression du triste événement dont la nouvelle m'est parvenue ce matin, viens manifester publiquement ma reconnaissance, en proclamant que c'est à la bienfaisance de Mgr. l'archevêque de Paris qu'un *écrivain patriote* a dû son retour au repos et à la santé.

«Veuillez agréer, etc.   GALLY, »

Homme de lettres, rue des Forges, 5.

Dès le 1er janvier, le corps du prélat avait été confié aux soins de M. Gannal (1) pour être embaumé. Cette opération terminée, on l'a-

(1) Le 8 décembre précédent, Monseigneur avait lu dans *l'Univers* un feuilleton qui contenait, à propos de l'embaumement du corps de son Éminence le cardinal d'Isoard, de précieux détails sur le procédé nouveau de M. Gannal ; vivement frappé de l'extrême simplicité d'une opération jusque-là tout-à fait effrayante, de la religieuse décence qui y présidait, de l'économie même qui ne la rendait pas inaccessible à un évêque appauvri par sa charité, et qui redoutait d'imposer de trop grands sacrifices à une famille tendrement chérie, M. de Quélen prit la résolution forte d'exiger que son corps serait confié à M. Gannal. Quand il eut rendu le dernier soupir, M. l'abbé Quentin, son exécuteur testamentaire, fit appeler cet habile praticien, et réclama pour l'illustre défunt les soins de son art. C'est à ce procédé nouveau qu'on a dû de voir pendant neuf jours le visage du pontife, privilège qui n'avait encore été accordé à personne, et que la Providence réservait sans doute à celui dont la haine et l'envie avaient si horriblement défiguré les traits vénérés.

vait exposé découvert dans un appartement intérieur du couvent du Sacré-Cœur, où les communautés religieuses, un grand nombre d'ecclésiastiques et de fidèles furent admis à le visiter. Mais vers midi l'affluence devint si considérable qu'on fut obligé de le transporter dans la chapelle, dont l'entrée, donnant sur la rue, offrait plus de facilité pour laisser toute liberté à la vénération publique. Dès ce moment, une foule empressée ne cessa plus de se succéder dans un ordre parfait. Des ecclésiastiques priaient auprès du corps et en approchaient les anneaux, les croix, les chapelets, les mille objets que la vénération publique portait à faire toucher à son corps. Le samedi 4 janvier, vers dix heures et demie du soir, il fut transporté à Notre-Dame, où, dès le lendemain, la même affluence ne cessa pas de le visiter, et où chaque paroisse alla successivement prier.

Qu'il était touchant de voir cette longue file de personnes de tout âge et de toute condition, s'étendant autour de la métropole, jusque sur l'emplacement de l'archevêché, et témoignant par ses discours et par son extérieur combien elle était revenue de la fausse idée qu'on lui avait donnée de son archevêque !

Le mercredi 8, les dépouilles mortelles de M. de Quélen furent enfin déposées dans un cercueil en plomb sur lequel on scella une plaque de cuivre. Ce cercueil fut mis dans un autre en chêne, recouvert de velours violet, sur le couvercle duquel on cloua une plaque d'argent portant l'inscription suivante :

HYACINTHE LOUIS DE QUÉLEN,

ARCHEVÊQUE DE PARIS,

COMTE ET PAIR DE FRANCE,

COMMANDEUR DE L'ORDRE ROYAL DU SAINT-ESPRIT,

UN DES 40 DE L'ACADÉMIE FRANÇAISE,

NÉ LE 8 OCTOBRE 1778,

DÉCÉDÉ LE DERNIER JOUR DE DÉCEMBRE 1859.

Le lendemain eut lieu la cérémonie des funérailles. (1)

Dès que les portes de la métropole furent

---

(1) Le roi envoya au chapitre métropolitain une somme de douze mille francs pour contribuer aux frais; mais la famille de Quélen ayant déclaré qu'elle désirait les supporter, on fit distribuer aux pauvres le don royal.

ouvertes, on vit se presser dans la vaste nef une foule de personnages de distinction qui venaient rendre à leur premier pasteur, beaucoup à un ami, un dernier et pénible devoir. C'était d'abord la députation de l'Académie, présidée par M. Dupin, le seul des corps de l'État qui fût représenté dans cette funèbre journée : puis au rès de M. le préfet de la Seine en costume, le vieux général Cafarelli, dont le frère, évêque de Saint-Brieuc, avait conféré les ordres à M. de Quélen, et dont l'attachement sans bornes pour le prélat durait depuis cette époque ; M. le vicomte de Châteaubriand, son compatriote et son ami ; MM. Pardessus, Artaud et Larrey, qu'il honorait d'une affection particulière ; M. de Clermont-Tonnerre, M. le duc Decazes, M. le duc de Noailles, M. le comte de Beaumont, M. le prince de Beauffremont, MM. le comte Anatole et Léon de Montesquiou, M. le baron de Maistre, M. de Lamartine, M. le baron Guiraud, M. le comte de Kergorlay, M. le comte de Brissac, M. le général Excelmans, M. le marquis de Dreux-Brezé, M. le duc de Luxembourg, M. le comte Alf. de Damas, M. le duc de Périgord, M. le duc de Montmo-

rency, M. le comte de Beaumont, M. le comte
de Tascher, M. le vice-amiral Halgan,
MM. Berryer, Dugabé, le vicomte de Panat,
MM. Calemard de Lafayette et Lacordaire,
députés, plusieurs membres du conseil général et du conseil municipal de Paris sous
la restauration ; tribut de regrets qui mérite
d'autant plus d'être remarqué que, pendant
près de dix ans, ils avaient pu apprécier les
grandes qualités et les vertus du prélat ; des
membres de la cour de Cassation, de la cour
des Comptes, de la cour Royale, du conseil
royal de l'Université, des tribunaux, du conseil général des Hospices, des pairs, des députés ; MM. le baron Walkenaër et de Fresne,
anciens secrétaires-généraux du département
de la Seine, M. Hutteau d'Origny, maire du
cinquième arrondissement, et un grand nombre de personnes distinguées qui avaient solli-
cité comme un honneur la faveur d'être ad-
mises à cette touchante cérémonie.

Près du chœur, on reconnaissait à leurs
sanglots les dames de la famille ; d'autres
dames en grand nombre, et surtout celles que
l'archevêque employait si efficacement pour
ses bonnes œuvres, toutes en grand deuil,

semblaient former une ceinture noire autour
de la basilique. La croix de l'Église était couverte d'un immense clergé, soit du diocèse,
soit des diocèses voisins; dans le reste de la
nef se pressait tout ce que Paris renferme de
plus distingué dans la littérature, dans la
presse, dans les sciences, dans la noblesse,
dans la magistrature; le recueillement était
profond et la tristesse peinte sur bien des
visages. A l'entrée, les bas-côtés étaient entièrement consacrés aux classes ouvrières, aux
pauvres, au peuple enfin, qui, on peut le
dire, rivalisa, pendant quatre heures, de
tenue, de respect silencieux, avec le chœur
et les tribunes.

Dans la nef étaient enfin plus de sept cents
orphelins du choléra vêtus en noir; deuil bien
légitime et bien touchant.

Une noble simplicité régnait dans la décoration funèbre de Notre-Dame. Toute l'église,
depuis le sanctuaire jusqu'au portail, était
tendue de noir à la hauteur des travées. Au
milieu du chœur s'élevait un majestueux catafalque surmonté d'un dais. Les insignes du
prélat étaient placés au faîte de la représen-
tation. Aux quatre coins, on remarquait les

quatre statues de la Foi, de l'Espérance, de
a Charité et de la Religion ; un grand nombre
le cierges et de lampes funéraires étaient
placés autour du monument.

Le portail extérieur de Notre-Dame était
entièrement tendu de noir, et les armoiries
du prélat surmontaient les portes principales.

Le deuil était conduit par M. le vicomte de
Quélen, par M. le comte Raoul de Quélen, et
par M. le marquis du Bouchet, frère et ne-
veux de M. l'archevêque.

Au moment fixé pour la cérémonie, le chapitre métropolitain se rendit processionnellement, précédé des curés de la capitale, à la
chapelle ardente où étaient déposés les restes
du pontife, et où se trouvait réunie sa famille.
M. l'abbé Affre, coadjuteur nommé de Stras-
bourg et premier vicaire-général capitulaire,
officia et fit les prières d'usage ; puis le clergé
se remit en marche, et, après avoir fait le
tour de la métropole avec le corps, rentra
dans le chœur, dont les stalles libres et les
banquettes étaient occupées par les chanoines,
les parents et les amis du prélat.

Dans le sanctuaire, en face du célébrant, on remarquait messeigneurs les archevêques de Chalcédoine, d'Auch et de Lyon, les évêques de Viseu en Portugal, et de Maroc, Mgr. l'ancien évêque de Dijon et l'internonce apostolique. Derrière le célébrant se tenaient MM. les chanoines du chapitre de Saint-Denis et MM. les curés de Paris en habit de chœur et en étole ; MM. les curés de la banlieue occupaient des banquettes placées dans les hautes stalles du chœur, et le reste du clergé les premières places de la nef.

Mgr. l'évêque de Chartres, premier suffragant de l'archevêché de Paris, et désigné en cette qualité par Mgr. de Quélen pour présider à ses funérailles, officia assisté de MM. Tresvaux et Molinier, chanoines titulaires, comme diacre et sous-diacre, de M. Sureau, son grand-vicaire, et de M. Mourdin, chanoine titulaire, comme prêtres assistants.

Messeigneurs les évêques de Versailles, d'Orléans et de Meaux, suffragants de Paris, et Mgr. l'ancien évêque de Beauvais, chanoine d'honneur de Notre-Dame et ami intime de Mgr. de Quélen, se tenaient près du catafalque, élevé au milieu du chœur, comme devant faire les absoutes qui terminent les funérailles.

Le corps ayant été placé sous le catafalque, la messe commença : elle fut chantée en plainchant par l'élite des chantres de Paris. La cérémonie, dirigée par M. Quentin, chanoine, ayant pour aides MM. Chossard et Eglée, chanoines honoraires, se passa dans le plus grand ordre.

A la fin de la messe, les quatre évêques désignés pour faire les absoutes avec l'évêque célébrant s'étant revêtus de l'étole et de la chape noire, Mgr l'évêque de Chartres se rendit au milieu d'eux; Mgr l'évêque de Meaux fit la première absoute, Mgr l'évêque d'Orléans la seconde, Mgr l'évêque de Versailles la troisième, Mgr l'ancien évêque de Beauvais la quatrième, et Mgr l'évêque de Chartres la cinquième. Cette cérémonie terminée, l'officiant, accompagné des quatre évêques nommés ci-dessus, se rendit à l'entrée du caveau, située dans le chœur, près du lutrin, récita les prières de la sépulture, et pendant le chant du *De profundis* le corps de Mgr. de Quélen fut descendu dans le caveau pour y occuper sa

place auprès de son prédécesseur, Mgr le cardinal de Périgord. (1)

La dernière oraison terminée, le prélat officiant, les évêques assistants, le Chapitre, les
curés du diocèse, M. le préfet de la Seine, la
députation de l'Académie française , jetèrent
tour-à-tour l'eau bénite à l'entrée du caveau.
La famille du prélat suivit, puis le reste du
clergé , et une foule inombrable d'assistants,

(1) Le caveau dans lequel sont déposés les restes mortels de M. de Quélen renferme trois autres cercueils. Ce sont : 1º celui de M. de Juigné,
archevêque de Paris avant le concordat de 1802,
démissionnaire à cette époque, et décédé le 19
mars 1811. Après sa mort , il fut inhumé dans le
cimetière commun, mais à la première restauration, le Chapitre de Paris, après en avoir obtenu
la permission, fit exhumer et transporter son
corps dans le caveau où il repose aujourd'hui ; —
2º celui de Mgr. le cardinal de Belloy, successeur
de Mgr. de Juigné , décédé le 10 juin 1808, dans
sa 99ᵉ année ; — 3º enfin , celui de Mgr. le cardinal de Talleyrand-Périgord , prédécesseur immédiat de Mgr. de Quélen. Ce caveau est exempt
de toute humidité , et se trouve placé sous le
banc des choristes de la métropole.

parmi lesquels on remarquait les orphelins et les orphelines du choléra , pleurant celui qui leur servait de second père. La pierre servant de clôture au caveau fut ensuite scellée , et chacun se retira, emportant dans son cœur le doux souvenir des vertus apostoliques de celui à qui on était venu payer un dernier tribut d'hommages.

A la vue de ce cercueil qui renfermait la dépouille mortelle de M. de Quélen, plus d'un assistant regrettait de ne point le voir décoré de la pourpre romaine , et se rappelait que , quand il en fut revêtu, M. de Cheverus , archevêque de Bordeaux , disait avec modestie que c'était à M. de Quélen que le chapeau était dû , qu'il y avait plus de titres que personne par ses vertus, son malheur et son courage ; il en avait même formellement exprimé le vœu dans sa lettre de remercîment. Hâtons-nous de le dire, ce vœu a été exaucé à Rome : un personnage auguste parlant , il y a quelques mois, au Saint-Père de M. l'archevêque de Paris, *il est cardinal*, lui répondit Sa Sainteté, *il est cardinal, mais* in petto, *et je ne crois pas pouvoir le déclarer , car ce serait ajouter à ses peines et à ses embarras.*

Terminons ce chapitre et cet ouvrage par la belle appréciation du saint prélat que le journal *l'Univers* fit dans un article publié le lendemain de sa mort.

« Nous voulions espérer contre l'espérance même ; une vie si précieuse ne nous paraissait point pouvoir être sitôt tranchée. Le ciel a trompé notre attente : sans doute nous n'étions pas dignes que nos prières et nos larmes fussent exaucés... La nuit s'est faite sur nous ; l'ange de l'Église de Paris est retourné vers Dieu ; elle a perdu son guide, son pasteur et son père.

« Cette mort est une perte immense. En ces temps de honteuses faiblesses, d'abâtardissement de tous les caractères, d'absence de tout respect de soi-même, qui fut plus digne de respects que M. de Quélen ? quelle vénération il sut concilier à sa divine mission ! La diffamation, la calomnie, l'impiété l'ont poursuivi ; calme et résigné, il a forcé tous les mauvais vouloirs au silence ; il a fait plus : il laisse des regrets chez tous les hommes qui ont quelque souci de la grandeur humaine, qui portent quelque intérêt à la dignité de la religion, qui pensent qu'une calamité s'abat sur le pays quand disparaît une de ces providences suscitées d'en haut pour en diminuer les douleurs.

« On lui a reproché je ne sais quelle inflexibilité opiniâtre dans son isolement politique; mais, au milieu de nos partis et de nos divisions, le ministre de Jésus-Christ, qui est le dispensateur de ses mystères envers tous, peut-il se tenir trop séparé de nos tristes agitations? peut-il se trop désintéresser dans nos terrestres querelles? On ne lui a pas reproché, du moins, de lâches complaisances envers les pouvoirs d'aucune époque; il n'a été le courtisan d'aucune puissance. Il a protesté contre tous les régimes, quand tous les régimes ont méconnu les droits de l'Église, quand ils y ont porté une atteinte sacrilège.

« Le deuil du clergé et des fidèles de Paris est donc trop justifié. Il s'agit ici de la perte d'un de ces hommes dont d'injustes préventions ont pu temporairement méconnaître les mérites, mais dont la mémoire grandira chaque jour et sera bénie de tous ; il s'agit, nous le répétons, d'une perte immense pour la religion et pour la société. »

FIN.

TABLE.

1

CHAPITRE VIII.—1831.

CHAPITRE IX.—1832.

CHAPITRE XIII. — 1840.

—⚬⚬⚬⚬—

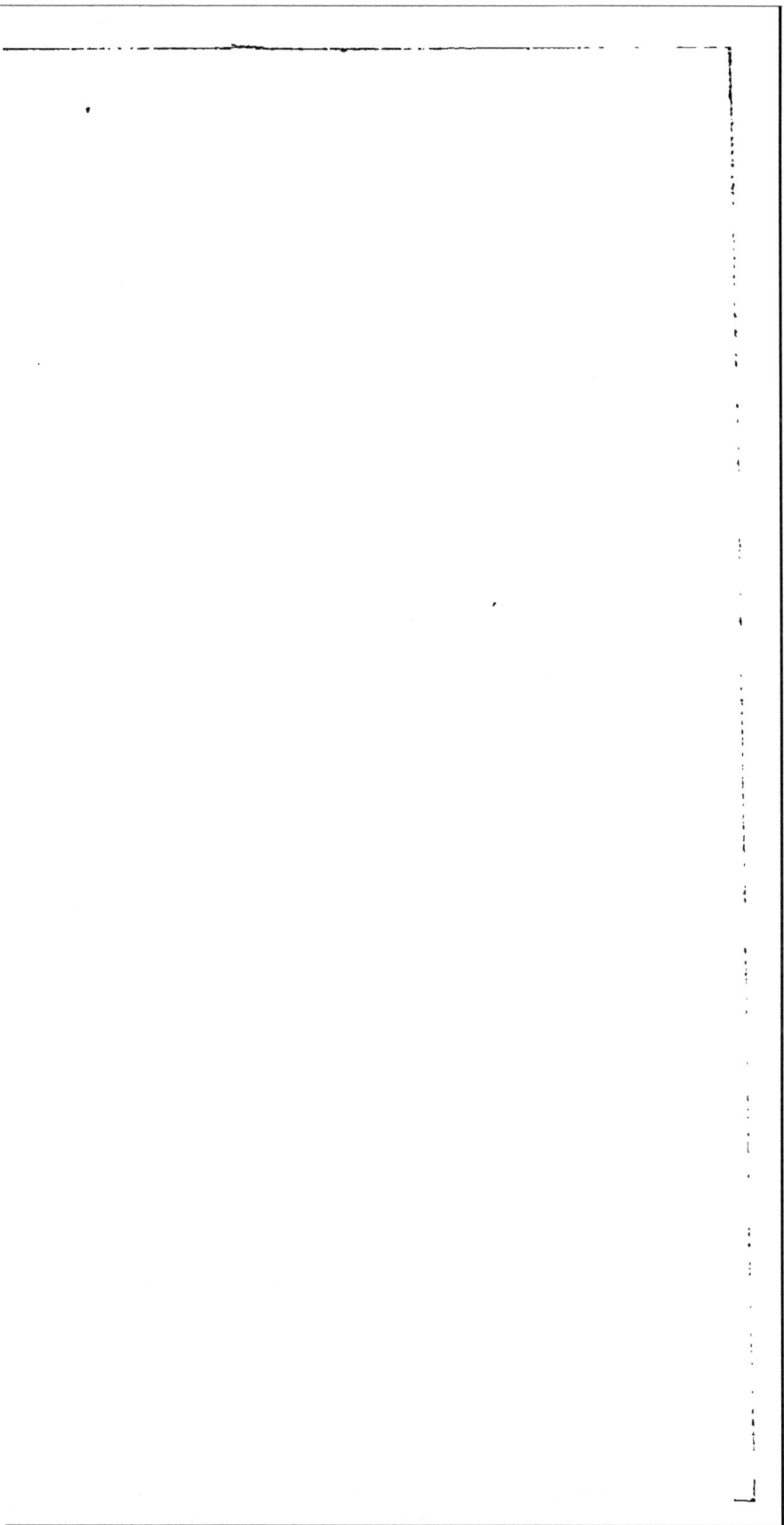

www.ingramcontent.com/pod-product-compliance
Lightning Source LLC
Chambersburg PA
CBHW060027100426
42740CB00010B/1626